西村まこ
Mako Nishimura

「女ヤクザ」とよばれて

ヤクザも恐れた
「悪魔の子」の一代記

清談社
Publico

「女ヤクザ」とよばれて

ヤクザも恐れた「悪魔の子」の一代記

はじめに

私が国から「日本初の女ヤクザ」と認定されるまで

昭和に生まれた私たちの娯楽にとって、銀幕の映画が占めるウエートは大きかったと思います。当時、映画を観ようと思ったら、現在のようにネットが普及していませんでしたから、リアルに映画館に行かなければ観られませんでした。このころ、映画の封切り前には派手な手書きの看板やポスターが人目を引いたものです。

なかでもヤクザ映画は人気で、高倉健《たかくらけん》や菅原文太《すがわらぶんた》という往年の大スターたちが銀幕のなかで切った張ったの大立ち回りをしていたものです。私が映画館に行っていた時分に

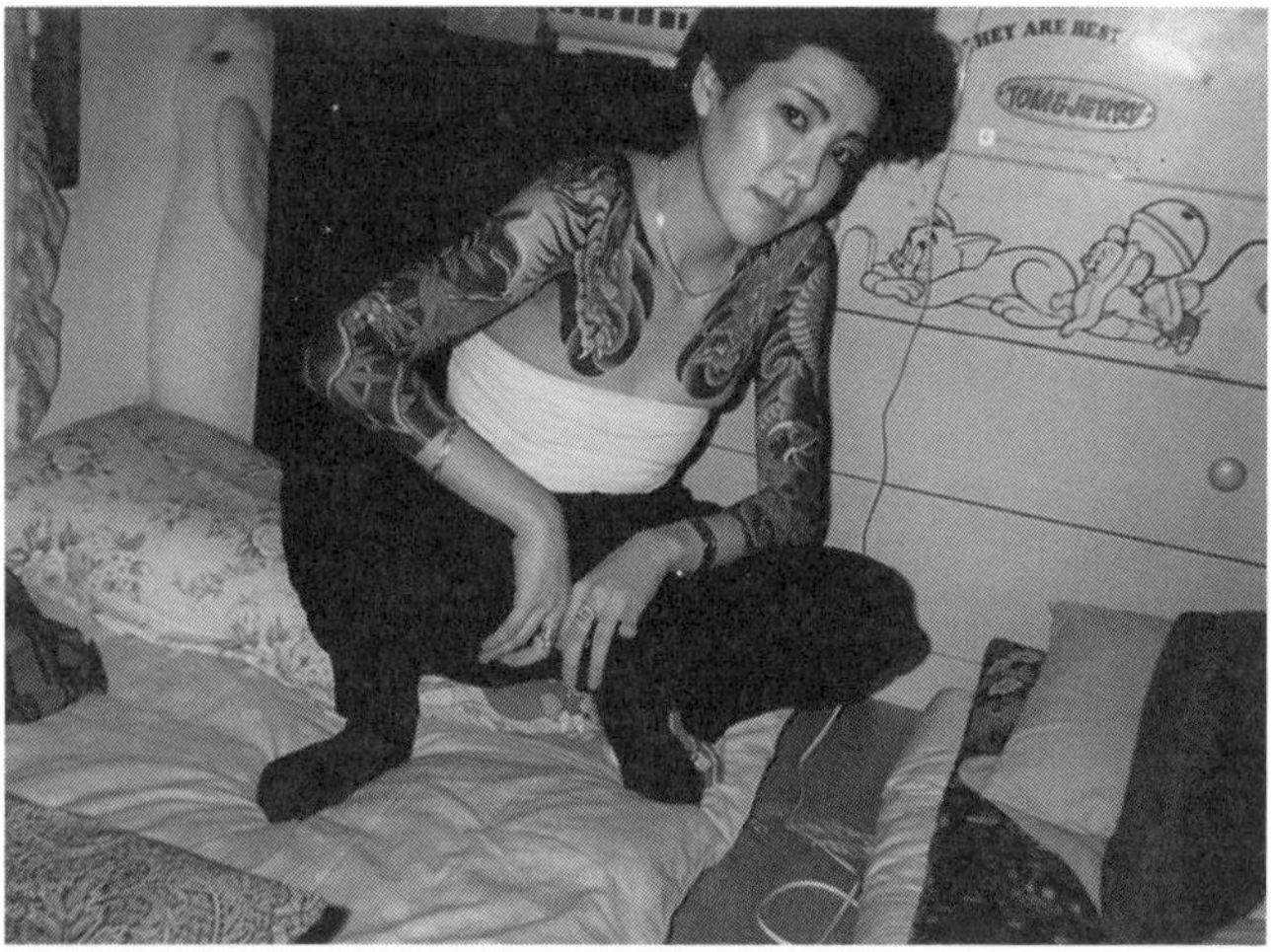

杉野組の本部事務所の前に借りていたアパートの自室で撮った一枚(20歳)

は、まさか自分がヤクザの世界に入るとは、夢にも思っていませんでしたが。

私は女ですが、中学校二年のときに不良の友人に影響され、役人の真面目一本の父が強いる厳格な家庭の軛《くびき》から逃れました。その後は野に放たれた動物のように男友だちとケンカ三昧の日々を送るようになったのです。この荒《すさ》んだ生活は五十歳になるころまで続きます。

別にヤクザになりたくてなったわけではありませんが、時の勢いとは恐ろしいものです。気づいたら岐阜市内を縄張りとする杉野《すぎの》良一《りょういち》親分の盃《さかずき》を受け、杉野組若衆《わかしゅう》となっていました。

若衆というのは、れっきとしたヤクザです。歴史をひもとくと、女親分のような女性を見ることができます。近代でしたら、実話にもとづく映画『花と竜』に出てくる北九州の「どてら婆さん（島村《しまむら》ギン）」がいますし、三代目山口組《やまぐちぐみ》の田岡文子《たおかふみこ》未亡人も任俠《にんきょう》界《かい》に名を刻んだ女傑と言えるでしょう。

しかし、彼女たちとは違い、私はヤクザ組織のなかで親分を親として忠誠を誓い、男たちと同様の役割を持つ組員として日夜活動してきましたし、当然、シノギ（営利活動）も持っていました。ですから、警察のお世話になること数知れず、結果、赤落ち▼1もしていますし、出獄時の放免祝いも経験しています。そして、ヤクザの定番である「指詰め」もやっていますから、お恥ずかしいことに、左手の小指の先はありません。

「女ヤクザ」として初めてのシノギは、私に多額の借金があった女性を売春宿に沈めたことです。

具体的には、知り合いの女の子を、三重県志摩《しま》市にある渡鹿野島《わたかのじま》（通称・売春島▼2）に売り飛ばしたことです。売ったのはヤクザになる前に私が経営していたデートクラブ「キャンディーズ」で働いていた少年院上がりのレイコという子です。

そのときは三重県のヤクザに紹介してもらい、渡鹿野島を仕切っている五十代くらいの東《ひがし》さんというヤクザと知り合いました。東さんは、ごつい体つきの人で、筋金入りという感じの親分です。この人のシマは渡鹿野島であり、島内の店の事情を表も裏もくまなく知っていましたので、前借《ぜんしゃく》（前借金）がいちばん高く出る店に連絡を入れてもらったのです。

この島にはボロい漁船のような船で渡ります。島といっても、そんなに沖合にある島じゃないので、乗ったと思ったら、すぐに対岸の桟橋に着きます。東さんは「つたや」という店の女将《おかみ》には話を通していると言いますから、うちの若い衆とレイコを連れて、その店に向かいました。

売りの交渉は大金が絡みますから、人任せにはできません。そこは私が女将と客間で対面して金額の交渉をしました。その結果、私が最初に提示した前借金三百五十万円で手を打つことになり、現金はその場でもらいました。そのカネを懐に入れ、レイコには「頑張れよ」とかなんとか、軽く声をかけて店をあとにしました。

男が女をソープに沈めるのはよくある構図ですが、女の私が同類の女性をソープに沈めるのは、なんとも変な塩梅《あんばい》です。しかし、借りたカネを返せないのなら、己の身体《からだ》で返すというのは江戸《えど》時代から続く裏社会のしきたりです。時代劇などで描かれる吉原《よしわら》の遊郭と同じですよね。

とはいえ、私はヤクザですから、日常的に交渉したり、詰めたりする相手は男性でした。ですから、不良債権の回収依頼があれば、私が債務者の事務所なり家に乗り込み、直談判でカネを回収してきたものです。

ほかの組のヤクザを拉致して脅迫したこともあります。とくに記憶に残っている事件は、私が若い時分にやっていたデートクラブ時代の恨みがあった西田《にしだ》というヤクザを、とことん追い込んだことです。

あるとき、腐れ縁のある西田が「女を紹介してくれ」と言ってきました。まったくどの口が言っているのかと驚きましたが、うまい話を聞き出したのです。それは西田が四十五口径の拳銃（チャカ）を持っているという話でした。当時、チャカの値段が高かったので、私は「これを奪ってやろう」と考え、絵図▼3を描きました。

女とホテルに入ったころあいを見計らって、私は手下の二人を連れて西田の部屋を急襲したのです。

　部屋に入ると、ベッドサイドにポン中▼4セットが置かれ、二人ともスッポンポンです。男は裸だと抵抗する気も起きないようで、必死に股間を隠してバンザイしています。

　私は銃口を西田に向け、若い衆が身柄を確保しました。服を着せて車に押し込むと、ヤクザ渡世をしている大の男が「まこ～、助けてくれ。命だけは取らんといてくれ」と泣きを入れ始めました。

　驚いたのは、西田をおびき出すエサとして送り込んだサオリが、このカッコ悪い男を本気で好きになったみたいで、「まこさん、この人、許してやってください」などと寝ぼけたことを言っています。「お前は黙っとれ」と一喝し、西田の顔に私の顔をキスできるくらいまで近づけ、「あんたの命は助けたるけど、条件がある。あんたが自慢の四十五口径を子分に持って来させろよ。簡単だろ」とスゴみました。

　ヤクザの稼業とは、一寸先は闇なのです。少しでも油断したら、反目《はんめ》（対立している）の人間や恨みを持っている人間にやられます。私は若いころから男相手にケンカの場数を踏んでいましたから、相手がどのような人間でも、決して引くことはありませんでした。

私はヤクザとしての稼業を性別の意識なくやっていたのですが、あるとき、「女のヤクザっていないんだ」という事実を知ります。少なくとも当局が認めた女ヤクザがいなかったと表現するほうが正しいかもしれません。

これは刑務所内で「ヤクザの脱退届」を書いたときのことです。独居房から連れ出されて調べの部屋に入ると、金筋《きんすじ》▼5が待っており、一枚の紙が机に置いてあります。「あなたは暴力団組員なので、脱退届を書かないと仮釈《かりしゃく》（仮釈放）もらえないけど、どうするね」と聞いてきました。

私は親分が「仮釈もらって早く帰れ」と言ってくれたのを思い出し、ひと言、「はい、書きます」と応じました。じつは、ここで応じたため、この金筋を慌てさせてしまったのです。脱退届は、たかだかA４一枚の用紙です。そこに簡単なことを記入するのです。

金筋が「そこはそう書いて、こう書いて」と指導しますが、すぐに戻ってきて、「ここ書き直して」と何度もやり直しをさせられました。最後には「あんたが日本初だから、こんなに時間かかるんよ」と、いやみを言われました。

結局、刑務所内で素行が悪かった私は懲罰の常連でしたから、「仮釈」ではなく「満期」で出所することになったわけですが、そこでも女ヤクザであったばかりに刑務所長を驚かせてしまったのです。

釈放のとき、女性の所長が「なんだ、あれは。こんな光景、初めて見る」と慌てていました。男子刑務所ではよくあるヤクザの放免風景かもしれませんが、ここは女子刑務所です。なるほど、官が言うところの日本初の女ヤクザの出所ですから、所長が見たことないのも当然でした。

刑務所の門前に杉野組組員が二列に並んでいました。私が出てくると、一斉に「お疲れさまでした」と頭を下げます。

部屋住み▼6の組員がドアを開けているベンツの後部座席に乗り込み、本部長の横に座りました。ベンツはゆっくり笠松《かさまつ》刑務所（岐阜県羽島《はしま》郡笠松町）をあとにしました。

事務所に到着したら、本部長から「風呂に入って垢《あか》を洗い流せ」と言われました。風呂上がりでスーツに着替えて義理場《ぎりば》（組事務所のなかにある広間）に行くと、豪勢な食べ物が並んでいます。その場に参集した親分、幹部、若中《わかなか》（役職がない組員）は、みんなスーツを着てネクタイを締めていました。そんななかで小柄な私がブラックスーツを着て交じっていますから、珍妙です。誰が言い出したか知りませんが、それから組内では「宝塚《たからづか》」と呼ばれるようになりました。

ケンカ、恐喝、拉致監禁、管理売春、シャブ屋（覚せい剤販売）などなど、ありとあらゆる悪事を重ね、更生不可能と思っていた私も、出産や子育てを経験し、徐々に丸くなっていきました。特定非営利活動法人「五仁會《ごじんかい》」の竹垣悟《たけがきさとる》会長[▼7]に出会うことで、法に触れる行いから更生し、人の役に立ちたいという思いにいたりました。これには私も驚いています。

そして何より、ヤクザの社会も時代とともに変化していきました。いま、ヤクザは、かつての暴力や威力を背景にした「脅し」のシノギから、振り込め詐欺に代表される詐欺など騙《だま》しをシノギにしている者もいます。私は暴力団排除条例施行後のヤクザ氷河期に再びヤクザの世界に戻りましたが、絶望を覚えました。そこに見たのは昔のファミリーとは異なる別の組織でした。私は、ヤクザはやっても、詐欺師に落ちてまで不良道を歩もうとは思いません。

このような思いを抱くヤクザは、これから増えるのではないでしょうか。あるいは、ヤクザを続けたくとも、コンプライアンス社会のなかで組が立ち行かなくなるかもしれません。任俠道を求めれば求めるほど食えない時代になっています。そうして行き場をなくした人たちのために、私は五仁會岐阜支局を、同じ志を持つ仲間たちと一緒に立ち上げました。

不良で荒んだ私を受け入れ、居場所をくれたのは杉野親分と杉野組です。そのヤクザ組織を社会になじめない私たちの居場所として存続させてくれたのは、私の不良人生における郷里ともいえる岐阜県です。今度は私がお返しをすべきときが来たと考えました。

私は人が居場所を求めるのは、社会的動物である人間として当然のことと思います。ですから、社会のために働く企業家は会社という社員の居場所をつくります。私たちも、非力ではありますが、裏街道を卒業したい人たちのための居場所づくりができればと考えました。

本書を読んでくださった方が五仁會岐阜支局、あるいは兵庫県姫路《ひめじ》市の五仁會本部の門をたたき、更生への道を進んでくださることを願っております。

CONTENTS

はじめに

第1章

「悪魔の子」とよばれて

第2章 少年院に落ちるまで

第3章

ヤクザも恐れた最強伝説

第4章 女子刑務所ぶっちゃけ話

第5章

「女ヤクザ」というお仕事

第6章

アウトローだって恋したい

第7章
「母親」から「姐さん」へ

第8章

更生への道

CONTENTS

構成＝廣末 登
本文写真はすべて筆者提供

第1章

「悪魔の子」とよばれて

「教育パパ」の家に生を受ける

長女である私が生まれたのはビートルズが来日▼8した一九六六（昭和四十一）年、東京・世田谷《せたがや》区にあった病院と聞いています。東京に生まれただけで、土地の人間ではありません。これは母方の両親が東京に住んでいたからです。

当時、私の両親は愛知県名古屋《なごや》市東《ひがし》区の旭丘《あさひがおか》地区に住んでいましたから、育ったのは名古屋市です。現役時代やいまの私を知っている人からすると信じられないかもしれませんが、私の生家は、とても真面目で、息苦しく、厳格すぎる家庭でした。

父は愛知県庁に勤める公務員で、母親は専業主婦でした。母は私が中学校に上がったころから学校給食の調理員として中学校にパートタイムで出ていました。その後は国民生活金融公庫▼9（現在の日本政策金融公庫）にパートで勤めに出ていたそうです。

幼稚園までは東区内の幼稚園に行きましたが、小学校は愛知県瀬戸《せと》市に引っ越したため、陶原《とうげん》小学校に上がりました。この引っ越しは父の仕事の関係で瀬戸にある愛知県職員の官舎に転居したからです。

その瀬戸で父母とひとつ下の弟、四つ下の弟と一緒に狭い官舎で過ごした日々はよく覚えています。私の記憶によると、そこは家というより寺子屋のようなイメージでした。

子どものころを振り返って、いい思い出だったかと問われると、ちょっと返答に困ります。私の家庭をひと言で表現するとしたら「厳格」です。すべては父親の超スパルタ教育が原因です。とにかく何かにつけて厳しい。

たとえば、学校のテストで九十点取ってもほめてくれないし、「もうちょっとだったな。次は頑張れよ」などという、やる気を出させるような励ましもありません。百点じゃないと、テレビの裏に立てかけていた竹の棒で、背中などを手加減なくたたかれるのです。わかりやすくたとえるなら、座禅のときに姿勢が悪いと、お坊さんに肩のあたりをピシリとたたかれるアレ（警策《きょうさく》のこと）のようです。

子どものころは、父の影を見ると、本当にテストのときはビクビクものでした。テストでいい点が取りたいのは、自己評価や先生からの評価を欲するためではなく、単純に父親の竹の棒制裁が怖かったからなのです。

小学校時代、普通の子は学校が終わると友だちと遊んでから家に帰ります。私の場合は一度直帰してから宿題を終えないと遊びに行けません。友だちと外ではバドミントンやテニス、家のなかでは「こっくりさん」などの遊びをしていました。

友だちが遊びに来ても（結構、母が出すお菓子にひかれて遊びに来ていました）、お菓子を食べたら、私は机に向かって宿題です。これが終わって、ようやく遊びに行けますが、宿題に時間を割かれていますから、遊べる時間は、ほかの子より短いですよね。ちなみに、弟は宿題に手こずって、なかなか終わりませんから、ずっと机の前に座っていました。子ども心に少し気の毒に思ったこともあります。

夕方になると、毎日、判で押したような正確さで、県庁の仕事を終えた父が帰ってきます。すると、父はリビングにゴロリと寝っ転がって小説や雑誌ではない難しい本を読んでいます。そして、母からの「ご飯ですよー」というかけ声を聞くと夕食という流れですが、この食事中もマナーが厳しく、音を立てたら怒られますし、渡し箸、逆さ箸▼10などしても手をたたかれます。

静かな食事、ただ食べるだけで会話のない食事――ＮＨＫの白黒画面だけが単調な音を立てている食事って、異様じゃないですか。母の食事もおいしさが半減します。明るく楽しい「サザエさん」風の家族団欒《だんらん》にはほど遠い時間でした。

その後、さっさと入浴をすませたら、恐怖のスパルタ寺子屋タイムが始まります。弟と机を並べて、ひたすら問題を解く。まるで都会の進学塾そのものです。問題は市販のドリルとかではなく、父が手ずからつくったものです。もちろん、ワープロとかが普及する前の時代ですから、わら半紙に手書きの問題を渡されます。

これがかなり難しく、わからないところがあると「これ、わかりません」という質問ではダメで、「この問題の、この部分がわかりません。教えてください」というような具体的な質問をしないと、寺子屋特製・竹の棒の出番になります。頑張って問題を解いたら、間髪を容《い》れずに次の問題を渡されます。解けないと再び竹の棒の出番となります。

なぜ、父親が、これほどまでに勉強熱心なのかというと、理由があります。

父は幼少時に交通事故で両親を亡くしています。幼い弟と二人兄弟だったのですが、兄弟別々に親戚の家に預けられ、たらい回しにされたそうです。当然、父を受け入れた親戚は自分の実子をかわいがりますから、父は子どもながらに相当の我慢と忍耐を学んだようです。
「よその釜の飯を食べる」という幼い子どもには厳しい環境のなか、勉強にだけは必死に取り組み、働きながら自弁で夜間大学を卒業し、県庁職員となりました。父にしてみると、「努力は人を裏切らない」し、「学問は身を助ける」と考えたようです。だからでしょうか、父は暇さえあれば読書をしていました。読んでいた本は、ぼんやりとしか覚えていませんが、「財務諸表論」のような難解な本です。

父は私たちがいい大学に行って、金看板がある大企業とか、父と同じ公務員の道に進むことで、少しでも楽に生きていけるように、自分を助けた勤勉さの習慣を私たち姉弟にも身につけるように求めたのだと思います。もしかしたら、自分の夢を子に託したかったのかもしれません。

もっとも、これは後年、私が年を重ねてから理解できたことです。当時は単純に竹の棒でたたかれるのが怖いから勉強しなくては……くらいの認識でした。

ちなみに、父親の家系は武田信玄《たけだしんげん》公で有名な武田家の血筋です。これは西村《にしむら》家の山梨県甲府《こうふ》市にある墓所を訪れるとわかります。武田信玄公と同じ墓所に先祖の墓があるからです。こうした氏素性にまつわる背景も、父親にプライドというか、「なにくそ」という負けん気を起こさせ、不遇な境地にあっても必死で学問に取り組み、はい上がってきたのではないでしょうか。

親戚をたらい回しにされた父の兄弟——育て親が異なる弟（叔父さん）も父と同じように苦学して東京都職員になりました。石原慎太郎《いしはらしんたろう》都政時代のころです。少年時代、同じ境遇で苦労して生きてきた父と叔父は、とても仲がよく、わが家にも定期的に顔を出していました。叔父さんには子どもがなかったからでしょうか、私たち姉弟をとてもかわいがってくれました。

父親のスパルタ方式アレルギーで、勉強がすべて嫌いだったかというと、そうでもありませんでした。とりわけ理科は得意だったと自負しています。

友だちが「怖ーい。気持ち悪い」といっていやがる魚の解剖。お腹《なか》を切開して浮き袋とかを見る実験も興味津々でしたし、塩酸に亜鉛を入れ、水素を発生させる実験でもヤケドをするなんてヘマをした覚えはありません。難解な化学式もまったく苦になりませんでした。ですから、理科に関しては、中学校で真面目にしているころまでは、つねに五段階評価の5をもらっていた記憶があります。

ほかの科目では体育が得意でした。一年から六年まで駆けっこの競走ではつねに同学年で一位でした。だから、運動会などではクラスのなかでも頼りにされる存在だったですね。足が速いということは基本的に運動神経全般がいいのですね。体力測定というものがありましたが、ジャンプカ、持続力、瞬発力など、すべていちばんいいランクをキープしていました。いまでも名残がありますが、身体が柔らかかったのです。

一方、女子なのに、音楽がとても嫌いでした。とにかく何を歌わせても歌がへたくそ。これは友人にも言われましたから、自他ともに認めるところです。小学校低学年のころに親にエレクトーン教室に通わされましたが、三日で辞めました。父親には、えらい剣幕で怒られましたが、頑として行きませんでした。これは持ち前の性格ですね。「いやなものはいや」と思ったら、いまでも絶対に拒絶します。

第1章

「悪魔の子」とよばれて

勲章を受けていた父方のおじいちゃん

子どものころ、いちばん楽しいことは、東京・信濃町《しなのまち》[11]にある母方のおばあちゃんの家に遊びに行くことでした。どのくらい楽しかったかというと、幼稚園のころなんか、帰る日になると、祖母のベッドの下に隠れて帰宅拒否していたほどです。

おじいちゃんは国立国会図書館[12]で働いていました。その仕事柄でしょうか、なんとなく威厳があり、子どもの私には、ちょっと怖く感じる人でした。なんでも六カ国語を理解し、原書の翻訳もできたといいます。おじいちゃんは、のちに勲章を受けています。昭和天皇と杯を重ねたことがあるというのが、機嫌がいいときの自慢だったようです。

おじいちゃんの仕事柄、祖母の家というのは官舎だったのです。私が小学校五年のころ、おじいちゃんは退職して故郷の山口県に帰り、古い家を建て直して東京から移住し、下関《しものせき》市の大学で教授職についたと聞きました。ですから、おばあちゃんとの東京の思い出は主に小学校までということになります。

おじいちゃん夫婦にとって、長女の私は初孫でしたから、目に入れても痛くないほどかわいがってくれました。夏休みと冬休みは母に連れられて私と弟二人も祖母の家に行っていましたが、私がいちばんかわいがってもらっていたと思います。弟二人はベッドの下に隠れて帰宅拒否するほどには懐いていなかったようです。

東京に行っているあいだは父の寺子屋スパルタ教育から逃れることができましたので、私にとっては至福の日々でした。家ではありえないことですが、祖母は私が欲しいものをなんでも買ってくれました。

それは、たとえば大丸《だいまる》百貨店に連れていって、かわいらしい流行の洋服とか、リカちゃん人形に加えて、リカちゃんハウスまで買ってもらった記憶があります（名古屋の実家では日曜日の買い出しで、家族そろってスーパーマーケットのジャスコに行く程度でした）。あと、おばあちゃんは料理がとても上手《じょうず》でしたから、私のリクエストをなんでも聞いてくれました。私がいつもねだったのは、海苔《のり》の代わりに薄焼き玉子で巻いた巻きずしでした。ほかにも、おはぎなどは絶品で、小豆から煮てつくってくれていました。

小学校時代の思い出でいちばん大きいのは、信濃町のおばあちゃんと過ごした時間だと断言できます。そのせいでしょうか、私は中学校二年で不良になるまで、おばあちゃん子でした。

中学生時代は家の転居で岐阜県多治見市《たじみ》に住みました。両親が家を建てましたので、灰色で冷えびえした印象の狭い官舎から解放され、私も弟たちも、ひとりひと部屋もらえたことに大喜びしました。

もちろん、リビングは寺子屋状態です。相変わらず父が問題をつくり、質問し、ヒントをもらい、それでもできなければ竹の棒制裁という日々でした。そういえば、父は大学生時代に家庭教師をしていたそうで、人に教えることが得意でした。これは自分の過去を語らない父からではなく、母から聞いたことですが。

もっとも、父が帰ってくるまでは、宿題さえ終えておけば、ある程度の自由は許されます。日曜日の午前中は好きなテレビ番組を見てもよかったのですが、弟たちにテレビを占拠されて「仮面ライダー」とか男子ものの漫画などを観ていたと記憶しています。

日曜日の午前中以外は、わが家のテレビも辟易《へきえき》していたと思いますが、両親はＮＨＫと金曜日の夜のプロレスしかかけませんでした。仕事人間だった父の唯一の娯楽、それがプロレスでした。格闘技は勉強の次に好きだったようです。だから、私も後年、格闘技に傾倒したのかもしれません。自分でも知らずしらずのうちに格闘系に興味を持ってしまいました。そう考えると、子どものころの学習って、すごいものがありますね。

転校生として多治見に来たわけですから、小学校の友人は周りに誰もいませんので、新天地で中学校生活のスタートです。中学校に入ると、勉強の内容も難しくなります。方程式が出てくる数学、構文や一般動詞などを初めて学ぶ英語には、ちょっと苦労しました。でも、理科だけは、それほど勉強しなくても成績がよかったと思います。あと、体育は相変わらず成績優良児でした。

転校と聞くと、イジメを連想される人も多いと思います。聞くところによると、転校生は最初の一週間はチヤホヤされて、いきなりドン底に落として、本人がどう出るかを観察される――その人の力量を図り、学校カーストのふるい分けをするような日本社会独特の試練があるそうです。しかし、私は幸いなことに、そうした経験はありません。

あと、中学生ともなると女子は色気づくものです。「誰それがカッコいい」とか、同級生や部活の男子やアイドルの話に余念がありませんが、私にはそうした女子的な楽しみを享受する暇はなかったのです。家に帰るとリビングの寺子屋タイムが待っています。から、毎日、気が抜けないのです。さらに、中学校からは、父の寺子屋に加えて、進学塾という新たな試練が始まりました。

中学校が終わると帰宅して、荷物を置いて塾に行く。十七時から十九時までが塾の時間。そこから帰って、慌ただしく食事、入浴をすると、寺子屋タイムです。毎日、そんな具合でした。ただ、塾は厳しいところでしたけど、父の寺子屋に比べたら息抜きできる楽ちんな部類に入ります。

不良少女への道

中二の一学期までは、この修業のような生活が続きました。変化の始まり、いえ、もっと大きな——おそらく人生の大きなターニングポイントは中二のクラス替えだったと思います。

新しいクラスで一緒になった不良の子と、なぜか意気投合し、毎日つるむほど仲よしになりました。夏休み、彼女と遊ぶうちに不良道まっしぐら。私の場合、不良化するのが早かったですから、ただの道じゃなくて、ハイウェイですね。これは別に家庭がいやとか、父に反抗するとかいう類いのものではありませんでした。

私には、不良の友だちと過ごしているあいだは、とても新鮮で、解放感と自由を感じるひとときでした。見るもの聞くものが目新しく、刺激があり、楽しいものばかりだったのです。彼女は私が何も知らないことをバカにせず、いちいち丁寧に解説してくれました。ですから、この不良の友人は、自分にとっては不良という未知の世界を案内してくれるナビゲーターのような存在でした。

この子の家に遊びに行くと、親は子どもに過干渉することなく、子どもの好きなようにやらせていました。放任家庭というのでしょうか。勉強も強制せず、何をするにも自由な感じでした。

だから、友だちのお姉ちゃんも気合いが入った不良でした。彼女の家庭を自分の家庭と比べて、その違いに驚いたことはたしかです。でも、「この家庭はおかしい」とは思えず、彼女の家に遊びに行くことは好奇心が刺激され、その違いに新鮮さを感じることで、とても楽しい時間を過ごすことができました。

友だちの部屋に入ると、部屋中にアイドルのポスターは貼ってあるし、数え切れないほどのブロマイドがあります。同じ年代の女子だったら激しく反応する各種ドライヤーもあります。髪をカールする電気コテまであるじゃないですか。もう、当時の私からすると、ものめずらしい珍奇な空間というひと言に尽きます。

そこで耳にしたアラベスク▼13をとても好きになり、このグループの曲が私の青春不良時代を通して流れていた気がします。

さらに、彼女のトークがとてもワイルドなんです。これまで誰ともしたことがないトーク。私の口が初めて発する言葉の数々を、この友だちのおかげで知りました。その内容はパーマやヘアスタイルのことからファッションの話。彼女の姉から伝授されたファッション全般の話題が、とくに興味をそそりました。子どものオシャレや価値観を彼女の親も受け入れ、否定しないで受け入れていましたから、とてもうらやましかったです。

この友だちの家に数回通っていると、彼女のお父さんなどとも親しくなり、一緒に会話するようになりました。お父さんは私の家庭の状況を聞くと、「それは、えらく窮屈やな。あんたのような年ごろの子にはかわいそうやな」と同情してくれていました。

この友だちの家に出入りし、さまざまな知識を得た私は一歩一歩、日々着実に不良の道に入っていきました。

不良の経験者にはわかってもらえると思いますが、不良の第一歩は見た目から、つまりファッションからです。

私の場合、スカートの裾が徐々に長くなっていました。中学生のときは竹の子のように身体の成長が早いので、スカートの見返し部分がかなり多く取ってありますから長くできますよね。私は母に頼んでスカートの裾を長くしてもらいました。母は不良についての知識が皆無なので、「裾を出してほしい」と言うと、なんのためらいもなく裾出しをしてくれました。

「まこ」の由来は「魔子」

中二の秋、なんの前触れもなく、私はみずから髪を金髪にしました。中途半端な赤毛や茶髪ではなく、地肌が透けて見えるほどの金髪です。その理由は学校にパッキン（金髪）の子がいないからです。ブリーチで何度も脱色しました。

このとき、教室に入っていくと、先生もクラスメイトも開いた口がふさがらないほど驚いていたことを、いまでも鮮明に覚えています。私は極端な性格でしたから、誰も想像だにしない「意外なこと」をしてやったと気分がよかったものです。

もちろん、厳格だけが取り柄のわが家で、そのような奇抜な髪が許されるはずはありません。怒髪天を衝《つ》くというほど勢いで激怒した父は私の髪を見るなり、「なんだ、そのふざけた髪は」という怒りのひと言を発し、私を押さえつけて、バリカンで坊主刈りにしました。しかたないので、翌日から頭にタオルを巻いて登校したものです。

私の坊主頭を見た不良の友だちは、とても気の毒がってくれました。この年代の女子が自己主張できるのは髪型ですから、中坊の私たちにとって、髪は命でした。

私からすると、もう一度髪が生えてきたら、懲りずに金髪にしてやるという覚悟でしたが、近所に住んでいたものわかりのいいオバちゃん（このオバちゃんの子どもも不良）が私と両親のあいだに入ってくれました。そして、「年ごろの女の子はオシャレしたいんですよ」という自説を学校の先生にも懇々と話してくれました。

その結果、なんと「金髪や髪染めはダメだが、カーリーヘアなら大目に見よう」という大幅な譲歩を、うちの親や教師から引き出してくれたのです。もっとも、父親は、このお節介オバちゃんをまったく相手にしていませんでしたから、話し合いをしたのは母親です。母は、いつも私を気にかけてくれ、不良になってからも、いつも変わらず、やさしく接してくれました。

そして、中二の秋以降も私の不良化は続きました。なぜなら、不良はとても楽しいのです。権威にも誰にも抑圧されない自由があります。何より世の中の権威やルールに対するささやかな反抗がワクワクしました。

もちろん、不良をするからには学校の先生のビンタくらいは覚悟しなくてはいけませんが、幼少時から耐え忍んできた父の恐ろしさや竹の棒制裁に比べたら、そんなものは脅威でもなんでもないし、不良になる障害ともいえない、ささいなものでした。

そして、この時代についた名前が「まこ」だったのです。私は、いま現在、「西村《にしむら》まこ」と名乗っています。周りの人も、それが本名と普通に思われていますが、違います。

第1章

「悪魔の子」とよばれて

本名は和代《かずよ》です。では、まこの意味は何かというと、悪魔の子――悪魔の「ま」と子の「こ」を取って「まこ」となったのです。

悪魔の子「まこ」の所業は、それはエグイものだったと思います。たとえば、不良を気取りたいけれど、不良になれない中途半端な同級生がいました。彼女にしたイタズラは、「やりすぎたな」という反省とともに鮮明に記憶に残っています。

焼きそばパンがありますよね。長いコッペパンの真ん中がスライスしてあって、そこに焼きそばがサンドされているアレです。その焼きそばを半分かき出して、その空いたところに犬のウンコを詰めます。その部分を包み紙で隠して件《くだん》の同級生に、「あんた、お腹減ってない？　これ食べたい？」と言うと、食べ盛りの中学生ですから、答えはもちろん「イエス」です。

「じゃあ、一気にいくよ。はい、口開けて」と言いつつ、その口のなかに細長い焼きそばパンを突っ込みます。その焼きそばがサンドされている部分を超えて犬のウンコサンドの部分まで。何を食べさせられたか知った同級生は泣いていました。

いま考えたら、かなり陰湿なイジメをしていたと反省しきりです。

「盗難車ホテル」での生活

髪を坊主にされた中二の晩夏以降、私の不良化は一気に進みました。タバコを覚えたのもそのころです。マイセン（マイルドセブン）やセブンスターを吸っていました。三学期くらいからは家出常習犯でした。うちの学校は近隣の荒れた学校とは違って、とても真面目な学校でした。

ですから、家出までする子は、そうそういませんでした。ですが、多治見駅一帯が校区だったこともあり、他校の不良とは接点があったので、その子らとも親しくなり、深夜までつるむようになっていたのです。

もっとも、私は不良でひときわ目立っていましたから、うちの学校の先輩の不良たちに学校の裏手に呼び出されてヤキを入れられるなんてこともありましたが、そんなものは蚊に刺されたほどもなく、私の不良化を妨げる障害とはなりませんでした。

当初、家出したら、お寺や神社の軒下や自動車に車中泊でした。尾崎豊《おざきゆたか》の歌[14]の不良はバイクを盗みますが、私たちは車を盗んでいました。田舎のことですから、車のドアをロックせず、キーもつけっぱなしという車が結構あったのです。

一度、そんな車を不良の友人が運転して名古屋まで遠出したことがありました。中学生の運転ですから、フラフラしています。当然、警察からはすぐに目をつけられたようで、あっさり補導されたことがありました。

全員、名古屋市内の警察署に連れていかれ、めいめいの親が呼び出されました。私の両親も「もらい下げ」に来ましたが、それは言葉にならないくらい激怒していましたし、当然、父親に殴られました。しかし、中三ごろになると、父は私の非行で警察に呼び出されたとしても、もはや何も言わなくなっていました。

その後も家出は続きます。といいますか、家にいることのほうが不思議なくらいだったと思います。というのも、家出の理由は、厳格な家庭がいやだったこともありますが、家出して警察に捕まることがカッコいいといいますか、リアルに不良している実感があったような気がします。

「ファースト・レディーになりたいわ」

うちの両親は私が家出する都度、警察に捜索願いを出していたので、数え切れないほど補導され、家に連れ戻されていました。このころだったと思いますが、多治見駅前に東鉄《とうてつ》ビルという場所があり、その前にいたサングラスの柄が悪いオジサンが私をチラチラ見ていました。こっちはヤクザかもしれんと思い、あまり気持ちいいものじゃないですよね。

ついにその男が近づいてきて、警察手帳を見せながら、私に声をかけました。そこで初めて、この柄の悪いオジサンが刑事とわかりました。なぜか、このときの補導は記憶に残っています。当時、私が若かったこともあり、外観ではヤクザと警察の見分けがつかなかったものです。

ですが、補導されたその日の夜には再びドロンするという繰り返しです。

中二の終わり、新春の寒い時期には、よその学校のものわかりのいい家庭の子の家にたむろして、タバコを吸ったり、アゴいったり[15]して過ごしていたと思います。そして、思い出したように学校に顔を出すという生活でした。同級生のなかには私が登校することをいやがる子もいたと思います。私が少しでも気に食わない子がいると、登校日にボコって[16]いましたから。

中三の夏ごろは、だいたい二カ所のたまり場のどちらかにいたと記憶しています。ひとつは、一学年上の先輩の男子の家、もうひとつは行きつけの喫茶店でした。

そのたまり場に行くようになったのはサトミという先輩と知り合ったからです。不良仲間と多治見駅前のユニーとかジャスコ（いずれもスーパーマーケット）にショッピングしにいっていたときに、彼女と出会いました。同類のにおいがしたのでしょう。彼女から声をかけてきました。このサトミとは、なぜかとても気が合い、中三の終わりぐらいからは、いつも一緒に悪いことをしました。

余談ですが、このサトミは不思議な強運の持ち主でした。そもそも彼女は事業を手広く展開していた金持ちの家の出で、不良なんかしなくても十分満たされ、何ひとつ不自由ない幸せな家庭のお嬢さんだったのです。ですが、体格がよかったこともあり、威圧感がありました。そして、私と一緒に不良を見つけると因縁をつけ、日常的に相手を殴っていました。

あるとき、「将来は何になりたいか」という話になりました。中学生ですから、世の中も知らず、根拠も何もない、たわいない子どもの会話ですよ。そのとき、サトミは「うちは将来、ファースト・レディーになりたいわ」と言ったのです。

私からすると、「王子さまと結婚したい」程度の空想にしか思えませんでしたが、後年、彼女は本当に某国の大統領夫人の地位に納まったのです。この話を聞いたときには、さすがの私もビックリした記憶があります。ですが、後年、彼女をテレビで見てファースト・レディーになっていたことを知り、二度ビックリしました。

当時の一日は家に帰らず、男子の先輩の家が住みかでした。ここに集まる不良は私の中学や、そこらの不良に比べると、ワンランク上の不良でした。このたまり場には多いときは男子が十人くらい、少ないときでも三、四人はいたと思います。女子はというと二人――これは、私とサトミが常連でした。

この男子の親も不良に理解があり、私たちがたむろしているあいだ、毎日、時間になると人数分の食事を用意してくれていましたから、飢えることはなかったです。男子はタバコに加えてシンナーとか薬物などをやっていましたが、私はシンナーが身体に合わず、手を出しても依存症になることはなく、こればかりは幸いしました。

うちの家庭とは違い、ほかの不良の子の親は理解があっていいなあと思ったものです。昼ぐらいになると、サトミの親の会社にほど近い喫茶店に移動します。ここのマスターが、これまた不良に理解があり、話がわかる大人でした（いま考えると、おそらくサトミの会社の影響力もあったと思います）。

柄の悪い中学生が何時間も席を占拠していても、いえ、学校に行かなくても、説教ひとつすることはありません。「お前ら、腹が減ってないか」と言ってスパゲティなどつくってくれたりしていましたから、とても居心地のいい快適空間だったのです。

そこでの会話はというと、女子の恋愛話ではなく、ケンカの話や生意気なやつのシメ方[17]に関する話題ばかりでした。たとえば、「どこそこの学校の誰それが生意気だから、近いうちにシメに行こう」などとかですね。

喫茶店で時間をつぶして街に行き、ケンカをする。夜になると暴走族の集会です。先輩が族のリーダー格でしたから、バイクの後ろに乗って、十台くらいのバイクと暴走行為に参加していました。

さらに、男子の先輩から特攻服[18]のお下がりをもらって、それを普段着にしていました。たまの登校も、この特攻服です。男子の服ですから、小柄な私にはダブダブで、身体に合っていません。それを着て教室に入っていましたから、異様な光景だったと思います。

「卒業式には出ないでくれ」

中二のころには、たびたび家に来て私に登校するように説いていた学校の先生も、中三の夏以降はサジを投げてしまいました。もはや何も言わず、干渉しなくなっていたのです。ですから、このころには親からも先生からも完全に見放されていました。

あまりに何度も家出して、あまりに再三補導され、警察署に連行された結果、「虞犯《ぐはん》少年[19]」とされ、（少年）鑑別所[20]に送致されました。このときは家出しているときに補導され、警察署からそのまま鑑別所に連れていかれたと記憶しています。鑑別所の女子は少なく、四人くらいしか収容されていませんでした。

部屋は二人部屋で共同生活です。朝は七時に起床して朝食、そして部屋掃除をすませると、することもなく、世間話をして過ごしました。運動のときは運動場に出ますし、面会のときは面会室に行きます。それ以外は、とくにすることもなく、ゆっくり時間が流れていました。

この鑑別所には一カ月ほどお世話になりましたが、特筆することはありません。ただ、鑑別所を出てからは保護観察処分[21]ということで、しばらくは月に二回ほど保護司[22]との面談が義務づけられていたと思います。

手がつけられない不良として「正当に」扱われたことがあります。それは中学校の卒業式のときです。このときばかりは先生から家に電話があり、「頼むから卒業式には出席しないでくれ」とお願いされました。私からすると、卒業式などという堅苦しい儀式はどうでもよかったので、そのお願いを聞くことは、なんでもないことでした。

卒業式の日は「自宅謹慎」ということで、結局、中学校の卒業証書も卒業アルバムももらっていません。最後にもらったのはオール１の成績表だけです。

あとで聞いて知ったのですが、私は卒業式に出席しませんでしたが、身内から意外な人たちが卒業式に行っていました。それも卒業式の会場でひと役演じていたのです。それは私の両親です。

彼らは、「不良の娘を持って」という作文を携えて卒業式に臨み、なんと、それを父が卒業式の会場で読み上げたそうです。聞いていた父母や同級生は涙しながら聞いていたといいますから、作文には「積木くずし▼[23]」顔負けの赤裸々な話が書かれていたのでしょう。

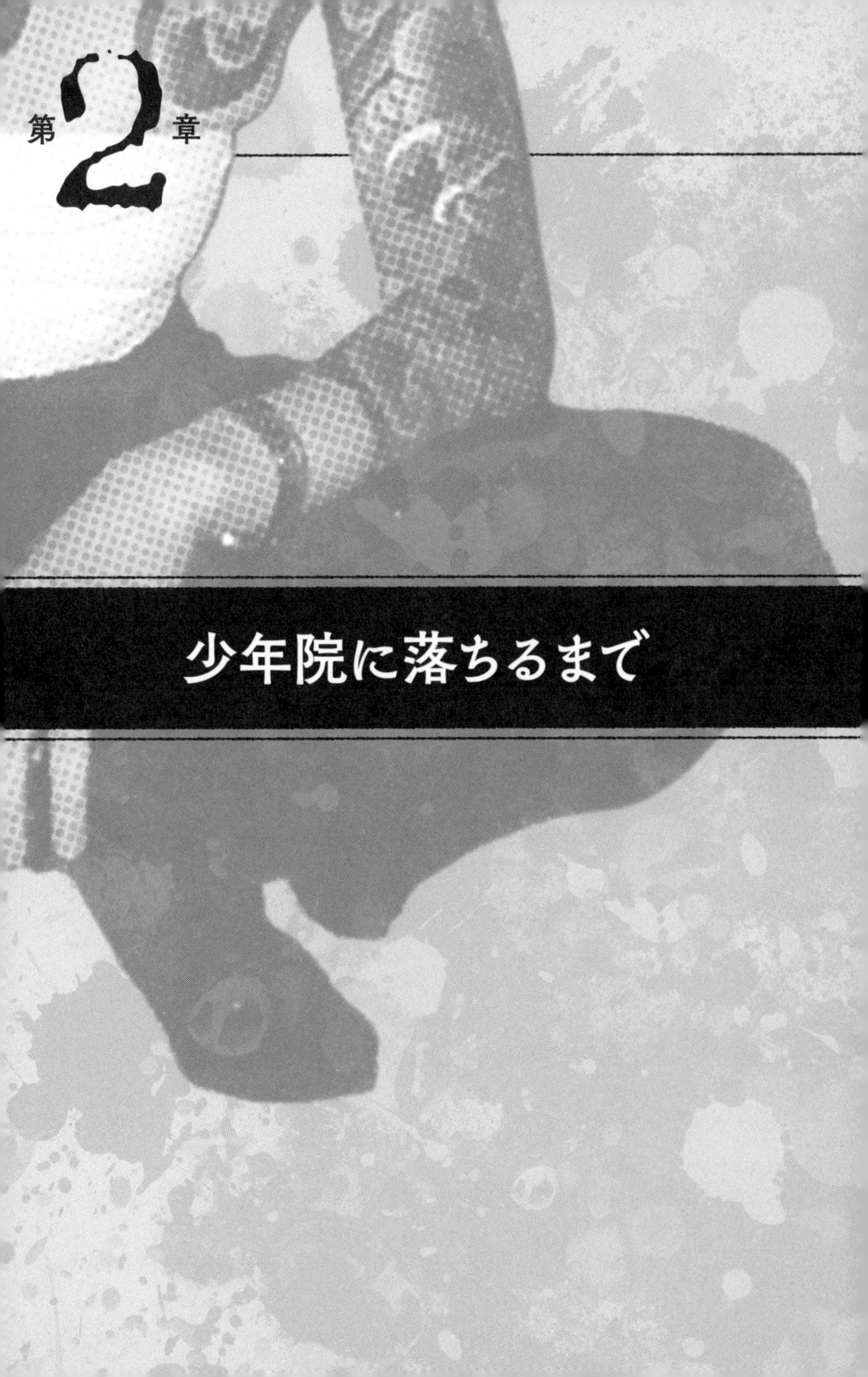

第2章

少年院に落ちるまで

悪魔の子、就職する

中学校卒業後は、私に手を焼いた親が勝手に決めたレールに載せられました。それは東洋被服というスラックスを縫製する岐阜市内にあった工場への住み込み就職でした。昭和六十年代（一九八五～一九八九年）の金のタマゴ・就職列車ではありませんが、住み込みの女工ですよ。父から一方的に言いくるめられ、自家用車に拉致され、有無を言わさず工場に連れていかれての就職です。おそらく、父としては最後の更生チャンスとばかりにスイッチが入ったのだと思います。

工場の住み込み寮の部屋は四、五人の雑居▼24です。そこに来ていた女の子たちは、ひと言でいうと「イモ姉ちゃん」でした。まったく話が合いませんから、私はすぐに無口になりました。向こうも私の存在が異質で、煙たかったと思います。ですから、あえて話しかけてくることはありませんでした。

上長は私が不良だったといういきさつを知っていたようで、いつも「どうや～、どうや〜」と声をかけてきていました。私は、どうやって逃げ出そうかということばかりを考え、上長には「はあ」とかしか返していませんでした。あと、東洋被服の専務がいい人——というか、お節介なオジサンで、私が仕事を休むと部屋に見舞いに来てくれていました。

さらに、私を更生させようと、いつも励ましの声をかけてくれていました。いま考えると申し訳ないのですが、その気づかいが、若い私にはかえってうっとうしかったと記憶しています。

工場は朝八時には朝食をすませて、八時半には工場に出勤しないといけません。だだっ広い場所に並べられた長机に座って食事ですが、ご飯から味噌汁《みそしる》まで、トレーの上の皿に、自分でよそって持ってこないといけません。無言の食事は家では慣れていましたが、ここでは違う意味で厳しい食事タイムでした。

ただ、少年院や刑務所でも食事が苦になりませんでした。昔から食べるものに執着がなかったことが幸いしました。工場のお三度は、お世辞にもうまいとは言えなかったからです。

ほかにも、不良という女工はいましたし（いちおう、クリクリパーマみたいな頭をしてイキっていました）、私のことを「生意気だ」と言う男子工員もいました。

私たちミシンの子だけではなく、デザイン、パターン、アイロン、裁断と、さまざまな部署がありましたから、そこで働く人も老若男女で十人十色です。出身地もさまざまな人がいました。なかには私に文句を言う人もいたようですが、面と向かって文句を言ってくる根性のある人間はいませんでした。

とはいえ、工場のミシンは同輩より上手だったと自負していました。真面目だったころに実家の足踏みミシンを踏んでいましたし、手先は器用なほうでしたから、与えられる作業はまったく問題なかったのです。だから、怒られることもなく、まったく合わない退屈な仕事を数カ月も続けました。

驚いたのは給与額です。二回給与をもらいましたが、給与額から所得税や雇用保険、強制貯金、寮費を引かれたあと、手のひらに載る金額を見たときには愕然《がくぜん》としました。「朝早くから一日働いて、こんだけしか手のひらに載らないの……」とショックを受けたものです。

ついにシビレを切らして、私は公衆電話から（暴走）族の先輩に電話して迎えに来てもらうことにしました。脱走は夜にこっそり行いましたから、最後の給与はもらっていません。そのときは、お金より自由が欲しかったのです。この工場勤務は、のちに経験する刑務所以上に人生最大のおもしろくない地獄の期間でした。

シャブは不良の通過儀礼

地元に戻った私は相変わらず悪友のサトミとつるんで不良の日々でした。ただ、変わったのは、中学校を卒業していますから、暴走族の正式メンバーになったということです。この当時、無免許運転で三回捕まっています。だいたいは友だちの家の車を運転しての補導でしたが、車を盗むこともありました。

前にもお話ししましたが、多治見は田舎なので、結構、車のキーをつけっぱなしで駐車していたのです。当時は罰金額が安かったので、再び無免許運転してしまうのです。

この当時、私の周りにいたのは暴走族のなかでもとくに悪い札つきの人たちでしたから、自動車窃盗程度は日常茶飯事。なんとも思いませんでした。

十六歳ごろですか……そうした悪い先輩や同輩といると、マリファナやシャブをたしなむようになりました。私の場合はキメセク▼[25]じゃなかったですが、不良になるならシャブは避けて通れないと考えていましたので受け入れたのです。

もっとも、シャブを身体に入れたときは頭の毛が逆立つような快感を覚えましたが、身体には合わなかったようで、シャブの効き目が切れてくるときはエラかった（身体が猛烈にダルかった）です。このシャブの切れ目の印象があまりに強く、もうシャブは（やらなくても）いいかなと、そのときだけは一瞬思いました。

このころ、初めて少年院送りになりました。シャブをやったあとに未成年（深夜）徘《はい》徊《かい》▼[26]で補導されました。私の顔がシャブを食ってヨレた顔だったのでしょう。多治見署に連れていかれ、オシッコ採取で陽性反応が出ました。そのまま留置房に二十日ほど入れられ、二回目の鑑別所行きです。

鑑別には一カ月ほどいたと思います。鑑別所で面接する調査員の先生に「今度は少年院だな」と言われていましたので、あらかじめ覚悟はしていました。私のなかでは不良をやっているんだったら、年少（少年院）くらい行っておかんと格好がつかんと思っていました。しかし、初回の少年院送致で、いきなり中等少年院一年三カ月には驚きましたが。ちなみに、多治見でつるんでいた不良仲間で少年院まで行ったのは私だけでした。

少年院でも伝説をつくる

家庭裁判所で少年院送致が決まると、岐阜市内の鑑別所から電車で大阪の枚方《ひらかた》にある少年院[27]まで旅行です。手錠をされていますから、そこはタオルをかけて隠し、鑑別所の人間が二人護送につきます。昼前に出て、夕方には少年院の門をくぐっていました。

初の少年院でしたが、全然ショックとか恐れとかはなかったことをいまでも覚えています。ただ、当時の女子少年院は過剰収容の時代で、各舎房には収容し切れずに、レクリエーション部屋などにも布団を敷いて雑魚寝させられていました。驚いたのはそのことくらいです。女子少年院は男子とは違っておとなしいのです。スラックス工場の女子寮と五十歩百歩という感じでした。

ですから、少しは刺激を期待していた私としては肩透かしを食らったような感じで、「少年院って、こんなん?」というのが率直な感想でした。

少年院に入って数日もすると、すぐになじんでしまいました。入院早々にシャバの不良としては通用しない低レベルのボス格のやつをボコボコに殴ってシメました。

こいつは態度も身体も相当デカく、一人称は「おれっち」と言うような男気取りの女です。こいつが私に向かって、いきなり上から出てきましたから、出鼻をくじく意味で、即ボコってやりました。パンチ一発で大きな尻もちをつき、泣きが入りました。自分でケンカを売っておきながら、開始数秒で戦意を喪失してしまったのです。周りの人間もボス格のあまりの弱さにビックリしていたようです。

上をシメたら、ほかに文句を言えるやつはいません。だから、別にイジメにあうことなく、逆にイジメる側に回りました。夜間、同室の子を囲んで「お前、オナニーやれ」と強制したり、先生の巡回が行ったあとに軽く蹴りを入れたりは普通でした。

私の癇《かん》に障る子や気に入らないやつには陰湿なイジメもしました。

たとえば、カエル味噌汁の刑です。少年院の配膳係は刑務所のような固定ではなく当番制になっています。そのとき、気に入らないやつの味噌汁に丁寧に皮を剥いだ雨ガエルを入れる――これは気づかずに食べていましたが、食中毒になったという記憶はありません。まあ、下痢くらいはしたでしょうが。

あるいは、便器を拭った歯ブラシを使わせるとか、思い返すと陰湿でしたね。ジメジメした陰湿な手段は個人的には好きではなかったのですが、殴る蹴るを表立ってやると、こっちが懲罰を食らいますから、少年院では損なのです。だから、ストレスがたまる嫌いなやつには、先生にバレないよう、そうした陰湿な仕返しを考案したのです。

私としては波風立てていないつもりですが、少しイジメるとチンコロ[28]する者もいます。それをされると懲罰ですから、なかなか級が上がらない[29]のです。思い返したら、単独房や昼夜独居房は常連でしたから、少年院では懲罰が多かった気がします。だから、初回の入院で一年三カ月も仮退院できなかったのかもしれません。

少年院の食事は大部屋兼レクリエーション部屋に集まって食べます。いちおう部屋ごとに番号が書いてあるテーブルにつき、トンカツなどの肉が出ると、新入と古株がジャンケンして、勝った者が大きいおかずを取ることができます。新入、古株が混在してわからない場合（懲罰で部屋移動などがある）はレクリエーション部屋に貼ってある一覧表を見れば、その子がいつ入院したかわかりました。

少年院給食は美容の大敵

少年院でみんなが喜ぶのは日曜日のパン食です。パンはサンドイッチに使うような極薄の食パンが五枚です。このとき、バターとジャムなどが出ますから、甘《あま》シャリ▼30に飢えている私たちとしては、とてもありがたかったのです。

そうそう、少年院や刑務所で定番の煮豆はスプーンの裏側でつぶして、バターと一緒に混ぜくり、パンに塗って食べるとおいしいので人気がありました。あと、祝日にはお菓子なども配給されていた記憶があります。お菓子といってもビスケットやクラッカーの類いだったと思いますが。あとは外部からの差し入れがあったような気がします。そうした機会には甘いものが食べられました。

じつは、この入院のとき、人生最大の体重、なんと六十キロになってしまいました。

これは指導の結果です。少年院の食事は残したらいけませんので、毎回、完食しないといけません。気がついたらこの重さになっていたのです（どうしても食べられないものがあると、挙手して先生に申告していたと思います）。もともと四十三キロの私が十七キロも太ってしまったのです。

これにはかなりショックを受け、途中から朝昼晩の食後にはトイレに行き、喉の奥に指を突っ込んで戻していました。そのかいあってか、少年院仮退院時には、ほぼ入院時の体重、四十三キロくらいに戻っていました。ちなみに、女子は男子と異なり、少年院でも刑務所でも男子より楽なのか、神経が図太いのかわかりませんが、まず出てくるときは太っています。

とはいえ、少年院の生活は大変です。毎朝、朝食後は朝礼のあとでラジオ体操があり、なんと雨天以外の日は運動場十周が日課でした。最初はとてもエラかったですが、一カ月もすると慣れてきます。

新人時代は、この十周がこたえました。しかし、継続は力なりとはよく言ったもので、毎日走っていると体力がつきます。運動神経のいい中学生がいましたが、彼女がいつも先頭を走ります。私は慣れてくると、この子の後ろについて走るようにしていました。結果、少年院のマラソン大会（運動場をグルグル五十周も回る退屈な競技）では準優勝を勝ち取りました。

マラソン大会準優勝の私でも、日曜日の体育の時間は軍隊調のスクワットやバービージャンプを際限なくやらされ、へとへとでした。日曜日は起床時間が三十分遅いのですが、この過酷な体育で帳消しになっちゃいます。

仮退院の日は、その日まで教えてくれません。でも、こっそり教えてくれる三十代くらいのオジサン法務教官がいました。「亀」というあだ名だったと思います。この人はいい先生で、食事のときなどは腕組みし、わざと目をつぶっていました。ですから、不正配食▼[31]などやりたい放題です。

私も、この亀から仮退院の日をこっそり教えてもらいました。私は入院中も身だしなみに気をつけていましたから、支給された歯磨き粉を活用して眉毛などの体毛を抜いていました。粉の歯磨きは、指先につけると滑らずに眉毛が抜けます。気にしない子は一年も入院すると眉毛がボウボウになってしまいます。

あとは官給の横浜石鹸《よこはませっけん》（横浜刑務所でつくっていたから、そう呼ばれていたと思います）は無香料なので愛用していました。香料入りの石鹸を使う子もいましたが、じつは自弁で購入する香料入りの石鹸は肌荒れの原因になるのです。総合的に見て、自弁品より官給品のほうがタダで、品質もよかったのではないでしょうか。

保護会を三日で脱走

仮退院の日は父親が迎えに来ました。午前中に呼び出しがあり、仮退院の「言い渡し」をされ、一般遵守事項、特別遵守事項▼32を声に出して言わされました。大声でそれらの遵守事項を復唱したのち、父が待つ待合室に連れていかれました。正直、父の顔を見るのはいやでしたが、当時、父はもうあきらめていたのでしょう。妙にやさしかったことは覚えています。

枚方の少年院は大阪弁が主流です。ですから、無意識のうちに身についた大阪弁風のしゃべり方をする私に対して、「なんだ、そのしゃべり方は」と眉をひそめました。そして、「帰ったらどうするんだ」と聞きました。私が答えずにいると、「どこか行くなら、行ってもいいぞ」とポツリと言いましたが、結局、名古屋までひと言の会話もなく一緒に帰りました。

帰宅する前に「今度、何かあったら、父さんは迎えに行かないからな」と言われたときは、腹のなかで「ったく、うっせえな」と言う自分がいました。

同時に、少年院を出たら食べたいと思っていた計画を明日から実行しようとも考えていました。それは、とても質素な計画でした。たとえば、裏にチョコが塗ってあるビスケットとか、動物ビスケットを食べる程度のことだったのですが。

少年院を出ると、翌日に管区の保護観察所に出頭して担当観察官と面談し、一般遵守事項と特別遵守事項の確認をされます。たしか、一般遵守事項は規則正しい生活や就労することなどが定められ、特別遵守事項としては覚せい剤などの非合法薬物を使用しないことなどが書かれていたと思います。

少年の仮退院後、わずかなあいだですが、岐阜市の黒野《くろの》のほうにあった「洗心之家《せんしんのいえ》」という保護会▼33に入れられました。この保護会は刑務所から出てきたばかりの大人の女性と一緒の施設でした。未成年の入寮者は私だけです。ほかは再犯や累犯[34]のオバサンばかりが入っています。

おそらく、ここにいたらもっと悪に染まると心配してくれたのでしょう。三日目の朝に箕浦《みのうら》先生という年配の補導員さんが目くばせして、ついてこいという仕草をしました。そして、「逃げや」と言って、こっそり私の靴を裏口に持ってきてくれました。

保護観察期間中は、その地区担当の保護司がつき、原則二十歳になる一日前まで、最低月二回は保護司による面接が課されます。ですが、たまたま担当した保護司がユルかったのか、やる気がなかったのかわかりませんが、数回の面接では、たいしたお話も説教もせず、ハンコを押してもらって終わりでした。途中からは行っていません。

少年院を仮退院して多治見に帰ったのは十七歳の秋の出来事でした。帰ってみると、不良の相棒サトミは、なんと海外留学しており、多治見にはいませんでした。さすが金持ちのお嬢です。でも、私は相変わらず男友だちと同じ不良道を歩んでいました。髪を刈り上げ、暴走族仲間の家を転々とし、ケンカや暴走に明け暮れることを日課としていたのです。

ヤクザ稼業見習い

当時、多治見の暴走族連中をまとめていたのは、ヒトシさんという二十代半ばくらいの若いヤクザでした。この人は縦横が大きく、体格がすこぶる立派で、ケンカは負け知らず。何より顔の右側に大きな刀傷があり、威圧的な怖い感じの人でした。しかし、なぜか私にはやさしくしてくれ、仲よくなりました。

ヒトシさんには当時四十歳くらいの親分がいて、三十代半ばくらいのアキ姐《ねえ》さんと呼ばれていた親分の奥さんはスナックの店を出していました。ヒトシさんにかわいがってもらっているうちに、この親分夫婦からも気に入ってもらえたようで、しばらくのあいだ、一緒のマンションに住まわせてもらいました。

アキ姐さんは私の生い立ちを聞いて、とても同情してくれました。料理が上手で、よくつくって食べさせてもらっていました。もちろん、親分も一緒に住んでいましたが、あまり話をしない寡黙な人でした。

気になったことは、その親分は両手ともに親指以外の指がないのです。「仕事上の事故でなくしたのかしら」などと思い、不思議に思っていましたが、こればかりは、さすがに聞けませんでした。

この時期、私は姐さんについてスナックに行き、カラオケの練習をしたり、お客さんの相手をしたりして楽しく暮らしていました。

そうこうしているうちに、このスナックで後輩の不良の子が働くようになり、意気投合しました。そこで、いつしか一緒に住もうかという流れになり、長屋のような平屋での共同生活が始まりました。この長屋がくせもので、近所にヤンチャな人たちが住んでいました。おかげで、猫をかぶったりして不良を偽ったりと、気兼ねしなくてよかったのです。長屋自体がヤンチャな人たちのたまり場となっていたからです。

生活費は地元の後輩から上納させていました。後輩も二十人くらいはいたと思いますから、各自の上納金が少額でも集まると結構な額になりました。私はタバコと洋服、化粧品代くらいしか使いません。ほかにも母がこっそりお金をくれていましたので、当時、金銭的に苦労した記憶はありません。

このころは、仕事というと夜になるとスナックに顔を出し、お客さんの相手をするくらいです。こっちは若いので、相手をするとお客さんも喜んでくれます。するとアキ姐はこづかいをくれましたし、駅前の多治見ながせ商店街などの買い物につきあうと洋服を買ってくれていました。

親分の用事がないときはヒトシさんが家に来て、クリーム色のリンカーン・コンチネンタル▼35で私を連れ出します。何をするかというと、ミカジメ▼36の回収などにつきあわせるのです。もめごとの解決などを頼まれてケンカすることもありましたが、一度暴れ出すと誰も止めることができませんでした。

数々の修羅場をくぐり、少々のことでは動じないケンカ慣れしている私が見ても手がつけられないほど、ものすごい暴れ方でした。そんなときはヒトシさんと一緒になって私もケンカに参戦し、ヒトシさんと共闘態勢で暴れていました。

この当時、ヒトシさんと一緒にいて経験した多くのことが、後年のヤクザ稼業の参考になったと思います。組に入る前からヤクザの駆け引きや脅し方、スカし方を学ぶチャンスに恵まれたのです。実際、よその組織とカネでもめて、双方ひざ詰めで話し合いをする緊迫した場面にも同席させてもらったこともあります。

いま考えると、現役ヤクザで刀傷のあるスゴみが利いたヒトシさんと十代の私の組み合わせは、傍《はた》から見ると珍妙だったと思いますが、ヒトシさんの前では相手が恐れをなして引いてしまい、それをネタにできる人はいませんでした。

当時の私はヒトシさんと一緒にいると暴走族よりひとつ上のランクに入った気がしてワクワクしていました。もっとも、このころになると暴走族は卒業する年代ですが、ヒトシさんが忙しいときなどは、たまに後輩たちの暴走にもつきあっていました。当時を思い返すと、青春時代の暴走族から本当の不良になる過渡期だったように思えます。

ポン中街道まっしぐら

十八歳になってほどなく多治見の盛り場で出会った子——当時は隣町だった岐阜県土《と》岐《き》郡笠原《かさはら》町（現・多治見市）に住む年下の女友だちができました。当時、多治見の駅前にはサトミの親が経営する結婚式場、パチンコ店があるなじみの場所でした。その隣にあった東鉄ビルという場所に不思議と不良が集まっていました。東鉄ビルの上には学習塾がありましたから、そこの経営者からすると、とても迷惑だったと思います。

そうした場所に、類は友を呼ぶというのでしょうか、東鉄ビルに不良の子は引き寄せられ、あるいは、どこからともなく吹きだまってきたのだと思います。

その子は別に帰る家がなかったわけではありませんが、まあ、自主的な家出少女だったのです。ものわかりのいいおばあちゃんと二人で住んでいましたから、暇を持て余したのでしょう。このおばあちゃんは超がつく放任主義で、学校に行かなくても叱らない、タバコも買い与え、おこづかいもふんだんに渡すような人でした。

私は自然に笠原にあった彼女の家にも遊びに行くようになり、徐々に親交を深めていきました。

あるとき、岐阜に遊びにいってみようという流れになりました。岐阜駅で電車を降りると、すぐに駅前で四十歳前後くらいのオジサンに「ご飯食べに行こうか」と、お決まりのセリフでナンパされました。

ご飯といってもレストランや居酒屋とかではなく、オジサンの一軒家です。家には若い奥さんがいて、すぐに食事をつくってくれました。食事が終わると平気な顔をして「シャブやんない?」と誘ってきました。のちに知ったのですが、オジサンの名前は西《にし》脇《わき》さんといい、仕事はシャブ屋でした。

　私はシャブが身体に合わないので、シャブを見ると吐き気がします。おそらく身体が拒否していたんじゃないかと思います。でも、シャブはヤクザ的でカッコよく、不良の仲間入りができると考えていました。だから、この当時は毎日シャブを身体に入れて「常《つね》ポン」▼[37]状態でした（シャブが抜けるときがエラいので、一度シャブを身体に入れると、抜ける暇を与えないほど常用しなくてはならないのです）。

　このシャブ屋の奥さんがいい人で、毎日の食事なども用意してくれます。奥さんは岐阜の金津園《かなづえん》▼[38]の生花店で働いていました。夫婦して私らに数日泊まっていけというので、友人と一緒に、しばらくのあいだお世話になりました。くわしいことは覚えていませんが、一緒にいた笠原の子は気がついたらいなくなっていました。

　このときはオジサンの家にダラダラ居候してシャブを食うだけの生活でしたから、記憶が飛んでいますので、何をしていたのかよくは覚えていません。ただ、ヨレてはいましたが、岐阜でできた新しい友人と街に出て、地元の暴走族とケンカをしていたことは覚えています。ケンカは、こちらから吹っかけるのではなく、「お前、メンチ切った[39]ろうが」という感じで向こうが絡んでくる、十代の子の因縁つけから始まるのです。

当時の私は髪の毛を短くして男ものの服を着ていました。さらに、帽子をかぶっていましたから男子と思われたようで、「お前、ちっちぇー男だな」と嘲笑されました。こっちは「うっせーわ」とヤマ返して（攻撃的に言い返して）、素手か、もので男を殴っていました。私は小柄ですし、骨も細かったのですが、日々筋トレをしていましたから、腕力で男に負けるとは、これっぽっちも思いませんでしたし、事実、負けていませんでした。

居候させてもらって数週間後、ポン中の西脇のオジサンに「簡単なバイトしないか」と誘われました。それは電話ボックスにデートクラブのピンクビラ[40]を貼る仕事でした。私からすると、西脇のオジサンは家に居候をさせてくれたうえにタダでシャブと食事を提供してくれていましたから、そこは一宿一飯の恩義とばかりに快諾しました。

実際にビラ貼りをやってみて、貼る場所さえ注意すればいいので、さほど難しくなく、楽ちんなバイトだなと思いながら、黙々と取り組んでいました。しかし、そのバイトが災いし、二度目の少年院を経験する羽目になったのです。

十九歳のある日の夕方、岐阜駅からそう遠くない場所で、いつものように電話ボックスにせっせとピンクビラを貼っていると、「君、何してるの？ ちょっといい？」と警察官に声をかけられました。振り向いた私の顔はシャブを食っていたので、もろに「ポン中顔」をしていたのだと思います。

一発で警察官にバレたようで、そのまま岐阜中《ぎふなか》警察署に連行されました。所持品検査でシャブのパケ▼41は出るし、オシッコで覚せい剤の陽性反応は出るわと、所持と使用のダブルパンチで即刻逮捕され、留置房にぶち込まれました。

岐阜県第二号の特別少年院送致

早々に署の留置房から鑑別所に送られ、一カ月ほどのあいだ、前回の鑑別所暮らしと同じく退屈な日々を送りました。結果はわかっていますから、以下略で、さっさと少年院に送ればいいのに、お上《かみ》にも決まった手順というものがあるのでしょう。家裁審理の結果、前回同様、枚方の少年院に送致となりました。

少年院に行くと、「また戻ってきた」というわけでして、今回は初年兵ではありません。不良の箔《はく》がついた感じです。なんと、このとき、私が岐阜からの特別少年送致第二号ということを知りました。

第一号は鑑別所の同房者でした。この子は生まれてきた家、いまでいう「親ガチャ▼42」に外れた子で、少年院などに来るような人ではありませんでした。母親が極度のポン中で、実の母親がシャブ欲しさにシャブ屋に娘を売ったのです。まだ十八歳くらいの彼女をシャブ屋はあっさりシャブ漬けにしてしまいました。

娘と同じタイミングで母親もシャブで笠松刑務所に送られており、娘は鑑別所のころから母親に手紙を書いていました。この子は不良じゃなかったので、少年院ではほかの悪ガキにイジメられていたようで、廊下やトイレで泣いている姿を何度か目にしました。なんとか力になってあげたかったのですが、部屋が違ったので、どうしようもなかったのです。

第2章

少年院に落ちるまで

私はというと、二度目の入院で古参兵ですから、誰も逆らうやつはいません。何より、このころは背中に墨が入って[43]いました。女子で背中に墨を背負《しょ》っている子なんていませんから、威圧感は抜群です。さらに二回目ですから、少年院内で怖いものなしでした。

この墨について少しお話ししますと、十八歳のときに瀬戸《せと》一家[44]の人と知り合い、「墨を入れたいのだけど」と相談しましたら、その日のうちに彫師のところに連れていってくれました。

彫師も「いいよ」と二つ返事で快諾してくれたまではよかったのですが、この先生はポン中でしたから、途中まで彫ったところでトンでしまい[45]ました。ですから、背中の墨は色が入らず、未完のままでした。太ももの部分の墨は自分で入れたものです。

少年院での生活は単調です。人間が大勢面突《つらつ》き合わせて日々生活していますから、何かと気に食わない人間もいます。そうすると、次第にストレスがたまります。ですから、相変わらずカエルの味噌汁や便器歯ブラシは気に入らないと思った人間に見舞っていました。

少年院の教科には家庭科と農耕科がありました。私は一回目同様に家庭科を取らされました。こんな私ですが、手先が器用でしたので、家庭科の才能があったようです。少年院初の家庭科技能賞をもらいました。

当時の私が得意としていたのはレース編みです。これも少年院のなかで金賞をもらいました。私がつくったテーブルクロスは少年院の壁に展示されていたほどです。のちに少年院の法務教官の依頼で彼女の自宅のピアノカバーもレース編みでつくりました。もちろん、ロハ▼46ですが。

二回目は、いささか枚方の少年院初が多すぎますが、環境整備班という役職が初めて整備されました。これには入院者のなかでも生きのいい三人（言葉を換えると「いじめっ子」）が選ばれ、大きな鎌のような道具を持たされました。これで一日中、草刈りやら枝払い——少年院のいう環境整備をさせられるのです。

簡単そうに聞こえますが、夏場などは、ものすごくシンドイ作業でしたが、私は腕力トレーニングと自分に言い聞かせて頑張りました。その結果、約半年後には空手の有段者の先生と腕相撲をしても勝てるほどになっていたのです。

二度目の少年院は、これらの「少年院初」を除けば、とくに語ることはありません。

特別少年院での一年間、雑居にいたり、夜間独居に移されたり、昼夜独居に入れられたりしながら時が移っていきました。

そして、入院一年で「言い渡し」があり、仮退院。今回も父が迎えに来てくれましたが、「もう家には帰ってくるな。好きなところに行っていい」と言われ、多治見まで別々に帰りました。とはいえ、私物を取りにいったんは自宅に帰りました。父は私に心底愛想《あいそ》を尽かしていましたが、母はやさしく、黙ってこづかいを握らせてくれました。私は居心地の悪い実家に長居することなく、翌日には岐阜のポン中の家に帰りました。

八十万円で彫り物を背負う

岐阜に行ってからすぐに近藤組《こんどうぐみ》▼47組員だった小久保《こくぼ》君というヤクザと知り合い、仲よくなったついでに彫師を紹介してもらいました。この彫師に現在身体に入っている墨をすべて入れてもらいました。ただ、途中までしか入っていない背中の彫り物は他人の作品でしたから、仕上げは断られたので、結局、中途半端で完成はしていません。

このときに彫ってもらった「彫荘《ほりそう》」は司忍《つかさしのぶ》さん（六代目山口組組長）も彫ってもらったと言われるほどの名人でした。私が通っていたときは名古屋で有名だった鬼木会《おにきかい》の若い衆が一階のコメダ珈琲店《コーヒーてん》で大勢が順番待ちしていました。

毎週日曜日に二時間の予約を取り、一年とかからずに両腕の八分袖と身切《みぎ》り▼[48]が完成しました。

その先生には難点もありました。墨を入れている途中に電話が鳴り、ゴルフの話になると長電話になることには閉口しました。電話しているあいだ、彫る手元は止まっています。しかし、その長電話の時間も私の二時間に含まれているからです。料金は二時間で二万円ですから、月に八万円として、十一カ月としても八十万円程度で入れてもらいました。

この間に岐阜のポン中の家を出て別のヤサ▼[49]に住んでいました。それは朝まで営業している「かずや」という居酒屋に常連で通っていたところ、そこのオバちゃんと仲よくなり、少しのあいだ、一緒に住むことになったのです。これも、じつはポン中つながりです。このお店のお客さんはヤクザかポン中ばかりでしたから。

第2章

少年院に落ちるまで

このオバちゃんが親切で、母に話をしてくれて、母のお金で家を借り、さらに、デートクラブ（出張型の性風俗）も開業しました。当時はデートクラブが流行しており、私は儲《もう》かると踏んだので開業を決意しました。

デートクラブの女の子は少年院の仲間二人と地元の少年院出の子と合わせて三人です。少年院の子は持ち出せる本の隅にモールス信号のような点を打ち、仲間の電話番号を控えていたのが幸いしました。少年院が大阪ですから、仲間も大阪と岐阜の子でした。デートクラブは岐阜の若宮町《わかみやちょう》にある郵便局の二階にある2DKで、この部屋が仕事部屋であると同時に、私と女の子たちの住みかでした。

不良少女、起業する

このクラブのシステムは公衆電話に貼ってある広告を見て（私が公衆電話に貼りにいっていました）、男性が電話をかけてきます。そこで男性の好みを聞き、ホテルに入って再度電話をかけてきたら女の子を派遣するというものです。

うちの女性はみんな若さが売りでした。料金は一律二万円です。当時の岐阜はヤクザ間の協定でデートクラブは二万円と決まっていました。取り分は店が四割、女性が六割というのが相場です。ですから、一度派遣すると八千円の儲けになります。

彫師を紹介してくれたヤクザの小久保君に面倒を見てもらったので、ミカジメ料はなし。結構忙しかったから、女の子が足りなくなることもありました。そんなときはよその店から回してもらい、儲けの八千円を折半して四千円ずつとしていました。

お店は「キャンディーズ」と「恋に落ちて」という二つの名前で宣伝しました。「キャンディーズ」のほうは受けがよく、電話が鳴りっぱなしでした。これはチラシのイラストを少年院出の子に書いてもらったのですが、いま風のイラストが受けたようで、流行《はや》りに流行りました。

ひとりで一日に五本は上げていましたから、二人で十本にはなります（上がりの総額は日に二十万円）。月の売り上げは相当な額になっていましたが、当時はシャブでボケていましたから、ちゃんと計算はしていません。

デートクラブで儲けていたら、居酒屋「かずや」のオバちゃんから「ゲーム喫茶をやらないか」という話が舞い込みました。これはポーカーやマージャンのテーブルゲームで賭けるものです。「かずや」のオバちゃんはゲーム専門のシノギをやらないかとヤクザから声をかけられたそうです。そこで私に話を持ってきたという流れです。

このゲームとは百円でちまちま遊ぶのではなく、千円札が入るように改造していました。初期費用はデートクラブで稼いでいましたから、とりあえずゲーム機を新品一台と中古品五台の合わせて六台を購入し、少し街から外れた東栄町《とうえいちょう》で店開きしました。この不動産物件も敷金や礼金はなく、家賃だけの格安物件です。

ゲームのことはわかりませんでしたので、小久保君にゲーム専門のカタギを手配してもらい、彼にお店を任せました。お客さんはポン中ばかりですが、結構流行りましたので、いつもゲームの台は埋まっていた記憶があります。

このときに借りていたデートクラブの事務所兼私の家は2DKでしたが、ひと部屋は知り合いのヤクザたちのたまり場で、昼間からヤクザのポン中に陣取られ、チンチロリンをやって、シャブもやっていました。

彼らは水道水でシャブを溶かしますから、家にあったコップを根こそぎ使ってしまい、いつもコップがありませんでした。毎日、片づけが大変だった記憶があります。

これだけ騒がしいと、警察が嗅ぎつけてもおかしくありません。知り合いは「警察が私の部屋の向かいのビルに部屋を借りて内偵が入ってるよ」と注意してくれます。私はシャブをやっても、「サツヨレ[50]」はありませんでしたから、半信半疑で、あまり気にしていませんでした。

ただ、ある事件で傷害の切符が出て拘置所に収容され、執行猶予で出てきたタイミングで、その部屋は解約し、デートクラブとゲーム喫茶は同時に店じまいしました。

このころ、鑑別所で一緒だったアヤという女の子が岐阜の柳ケ瀬《やながせ》でお母さんと一緒にスナックをしていました。偶然その店に行って再会したことから、仲よくなりました。

この子の旦那が宮野《みやの》といい、住吉会《すみよしかい》[51]系三次団体の杉野組組員でした。不良あるあるなんですが、アヤの妹が女同士のケンカに巻き込まれ、電話が入って応援を求められたので、二人で助けに行きました。

このとき、アヤは妊娠しており、お腹が大きかったので少し心配していましたが、一緒にケンカの現場に行きました。女のケンカですから、軽く見ていたのが間違いでした。

相手の女が妊娠しているアヤの腹を蹴りました。それを見た私は頭に血がのぼってしまい、蹴った女の頭を三段警棒で殴ってやったら、頭がカチ割れて驚くほど出血し、あたりは修羅場と化しました。

結果、アヤと旦那の宮野が逮捕されて、私にも逮捕状が出ました。ことの次第は宮野が警察とかけ合い、私を起訴しないことを条件に出頭させると話をつけたようです。私は宮野の手配で東京・浅草《あさくさ》にある杉野組の友好団体である鼈甲屋《べっこうや》▼[52]に身体をかわしていたので、一、二週間ほど岐阜を留守にしていました。

数日後、杉野良一親分から電話があり、「宮野が警察にありのままをしゃべったようだ。調書の写しを読んだところ、あんたのことを宮野がうたっている。▼[53]申し訳ない」と詫《わ》びられたので、岐阜の上加納山《かみかのうやま》にある杉野組事務所に出向きました。杉野親分は私に会うなり詫びてくれました。私はこのとき、「親分がわざわざ下りてきて詫びを口にしてくれるとは、この杉野の親分ってすごい人だな」と思いました。

数週間後、岐阜南《ぎふみなみ》警察署に出頭したところ、起訴されました。取り調べは宮野がうたっていますから、それを私が認めるだけ。形式だけの簡単なものでした。私の身柄は岐阜拘置支所に送られ、独居房に入れられました。

私としては次は刑務所かと観念していましたら、一週間後の夕方に「保釈」と言って出されたときは驚きました。なんと杉野親分が保釈金を払ってくれたのでした。拘置所には親分が弁護士を連れてきており、「国選じゃなく私選でやってくれ」と言われました。私としてはヤクザの宮野がパイ▼54で出て、カタギの私が起訴されることに納得できませんでしたから、その提案をありがたく受けました。

裁判では懲役一年、執行猶予三年となり、とりあえず赤落ちはせず、シャバにいることはできました。警察にしゃべりすぎた宮野は杉野組を破門処分となりました。

私の二十歳は変化の時期といえるかもしれません。それほど、さまざまなことがあり、人生の決断を迫られました。

第3章

ヤクザも恐れた最強伝説

人差し指のないリョーちゃん

今回の傷害事件でパクられる前に、岐阜の柳ケ瀬にあったスナックで、稲川会《いながわかい》N組の副長から「女でいいからヤクザやれよ」と誘われたものの、この副長に魅力を感じなかったため、即答で断ったことを正解だったと思いました。このときは私のような小娘のために動いてくれる杉野の親分に心が動かされていたからです。

一方、あいだを置かず、杉野の親分からも「まこちゃん、女でもいいからヤクザをやれ」と言われました。このときは、N組の副長とは違い、この人ならついていけると思いましたし、親分としてのオーラがありました。ですから、今度は即答で「やります」と応じていました。

ちなみに、杉野良一親分は住吉会常任理事のポジションにあり、上部団体は千葉にあった青田睦会《あおたむつみかい》▼55です。杉野親分は作家の安部譲二《あべじょうじ》▼56と同じ時期に刑務所に服役したらしく、映画『塀の中の懲りない面々』に出てくる「人差し指のないリョーちゃん」として描か

第3章

ヤクザも恐れた最強伝説

本部事務所の大広間で親分の盃を受け、正式に杉野組組員となったときに撮った一枚（20歳）

れていました。ですが、身体が小柄だったことから、業界では「チビッ子ギャング」と呼ばれていました。

杉野親分から兄貴分を持てと言われ、杉野組本部長の成沢一《なりさわはじめ》氏の舎弟《しゃてい》の盃▼57を受けました。成沢の兄貴はケンカっ早く、博打《ばくち》好きで、借金は財産と豪語するような人でした。

成沢の兄貴と私は七：三の盃▼58。同じときに行われ、私と舎弟の子も七：三の盃を交わしました。この舎弟の子は杉野組が面倒を見ていた暴走族の副リーダーで、理由はわかりませんが、彼から私を指名してきました。

この盃事は本部の義理場で媒酌人（仲人）▼59をつけ、古式に則《のっと》って行われました。ただ、私には困ったことがありました。このとき、常ポンだった私は、この日に備えてシャブを断《た》っていたため、急に声が出なくなりました。そういえば、少し前に病院で喘息《ぜんそく》と診断されていました。ですから、「はい」という返事をするのも渾身《こんしん》の力を振り絞らなければならなくて、たいそう難儀したことを覚えています。

盃のあとは紋付き袴《はかま》を脱ぐと、その日からすぐに本格的な部屋住みでした。朝十時からヤクザの一日が始まります。毎日の日課は本家の洗いもの、事務所掃除、姐《あね》さんの洗濯に加えて秋田犬《あきたいぬ》二匹の散歩です。このうち一頭が、ほかの犬を四匹嚙《か》み殺していて、今度殺したら保健所行きといういわくつきで、その名も「犬殺しのマル」と呼ばれており、組員も持て余していたほどの猛犬でした。

杉野組には部屋住みの若い衆が数人いました。さらに、事務所が暴走族の若い子たちのたまり場で、いつも十人ほどがたむろっていました。部屋住みは事務所に泊まっていましたから、事務所にはいつも人がいて、にぎやかだった記憶があります。さらに、長野や東京にあった住吉の枝組織からも交代で事務所当番が来ていました。

第3章

ヤクザも恐れた最強伝説

杉野組一家で旅行した徳島で撮った一枚(20歳)

部屋住みは本当のファミリーのような感じでした。昼も夕方も、食事の時間になると姐さんから内線が入り、電話当番以外の者はみんなで食事に行っていました。親分が一緒に食べることもありました。ご飯やおかずは、めいめい自分でよそわないといけません。

一点だけ難点があるとしたら、親分が在日ということもあり、姐さんがつくる料理は韓国風の辛いものが多かったことでした。

杉野組は浅草の友好団体「鼈甲屋」と親交があり、たまに行っていました。鼈甲屋は浅草の下町にあり、部屋住みの若い者同士で行ったときは遊ばせてもらいました。

そのとき、料理をつくってくれと言われましたから、少年院の炊場《すいじょう》（炊事担当班）でつくったことがあるポテトサラダを振る舞いましたら、「これ、まこがつくったんか。マジうまいわ」とか言ってもらった記憶があります。もうちょっと手の込んだ料理をつくれたらよかったのですが、当時はポテトサラダくらいしか私のなかのつくれるレシピになかったのです。

このとき、部屋住みのあいだで人気の「ダボシャツ」▼60を仕入れます。浅草の下町では普通に売っていました。なんといっても浅草は買い物天国でした。鼈甲屋にお世話になっているあいだは部屋住みのみんなとショッピング三昧で、泥棒市にも行きました。ほかは、浅草界隈《かいわい》の観光をした記憶があります。

鼈甲屋には何度かお邪魔しましたが、私としては部屋住みで必要な買い物に行っていたような感覚です。浅草はヤクザ時代の楽しい思い出です。

指詰めは私にお任せ

驚いたことに、杉野組は表向き建前では「シャブは禁止」と言いながら、蓋を開けたら、どいつもこいつも「ド」がつくポン中ばかり。組の主なシノギはシャブ屋というのが本音でした。

実際、困ったことに、私が杉野組で盃をしてほどなく、親分にみんなのシャブ乱用がメクれて[61]非常に怒り狂ったという事件が起きました。このとき、本部長に呼ばれ、「まこ、お前、指を詰めろ」と言われました。これは組のみんなのポン中を代表して親分に謝罪しろという意味です。カタギの人からすると、とうてい納得できない理不尽極まりない命令だと思います。

しかし、ヤクザにとって上が言うことは絶対です。「カラスは白い」と言えば白になる世界です。私の返事は「わかりました」と答える以外の選択肢はなかったのです。まあ、私からしても「ヤクザ稼業をやっているのだから、指の一本、落としておかないと格好がつかん」と思いましたので、さっそく日本刀を用意して自分の部屋に行き、自力で指を落としました。

その後、指落としの名人になりましたが、第一号はこのときに落とした自分の指です。これがいちばん苦労しました。指を床と日本刀で挟んで自分の足で踏んだのですが、指が斜めに切れてぶら下がってしまったのです。しょうがないので、日本刀でガンガンたたいて、ようやく切断しました（この切り直しのために、私の小指は第二関節からないのです。たまに「まこ、お前、二回もヘタ打ったんか」と尋ねられますが、短い理由は切り直したからなんですよ）。

懐紙に包んでその場に置き、自分の足で歩いて、加納《かのう》病院（現・加納渡辺《わたなべ》病院）の門をたたきました。病院では麻酔を打ったあと、爪切りみたいなもので周りの骨を切り、切断面をそろえてから縫合するだけで処置は完了。病院に行ったのは、これが最初で最後です。

私は事務所に戻り、懐紙に包んだ指を本部長に渡して一件落着です。ヤクザ映画とは違って「エンコ詰め」は案外あっけないものだと思いました。その後、私の指がどうなったのか聞いてはいませんが、それで事務所の「みんなポン中事件」が解決したのなら安いものです。

とはいえ、ポン中の私の場合、シャブをやると指が痛くなって困りました。シャブを身体に入れると、拍動痛《はくどうつう》というのですか、ズキンズキンと指に響くのです。シャブで神経が鋭敏になるからだと思います。断指後も普通にケンカして人を殴ったりしていましたから、傷口の治りは人より遅かったと思います。指が膿《う》んで、自分で膿《うみ》を出して消毒していました。そろそろ治ったころあいを自分で見計らい、抜糸もみずからセルフでしました。

それ以降、ほかの組員の指詰めを頼まれるようになり、少なくとも五本は落としました。「まこ、指落としてくれや」と頼まれると、「いいよ」と快活に応じ、木のまな板を用意し、包丁を指の裏の関節に当てて、上からブロックで一気にバンと落とす。この「一気にバン」が大事で、ためらわないことが肝心です。「ありがとうございました」と礼儀正しくお礼を言い、指の落とし賃として三万円置いていく人もいました。

一度、いつもは威張っている仲間が指を落とすことになりました。すぐに病院に行けるように病院の前の公園で落としてやることにしたのです。このとき、普段威張っているヤクザ者が「ヒエーッ」と言いながら病院に走り込む図を見たときばかりは、一緒にいた連中とおかしくて大笑いしたものです。

ある幹部のヤクザは指を落とすときになったら、「まこ、もうちょっと上、いや、もっと上」と言って、なかなか腹を決めて落としません。「うっせーな、何をケチっとるんや。指の一本くらいで大騒ぎしやがって」と思いましたが、指先一センチくらいを落としてやりました。この人の指は落とした部分が短かったからか、のちほど爪が生えていました。

ヤクザになった当初、面倒だったのは、女の事務所当番は例がないので、ヤクザから頻繁に電話がかかり、試されました。電話は自分の組織からだけではなく、ほかの組からもかかってきます。それも「まこちゃーん、頑張ってる?」とか、わけのわからん電話がかかるから頭にきていました。

抗争とまではいえませんが、組織間のもめごとがあると事務所待機になります。そんなとき、いま考えるとデリヘルやゲーム喫茶のときのヤクザ人脈が役に立ったのかもしれません。

事務所に待機していると電話が鳴ります。みんな緊張していますから、部屋住みの私が電話を取って、「はい、杉野組本部」と言うと、もめている相手組織の人間が電話口で「まこちゃーん」ですよ。「お前、抗争相手の事務所に、そんな電話してくんなや」と怒鳴っていましたが、漫画のような成り行きで事務所の緊張がほぐれたのは事実です。

売春島に女を沈める

最初にやった女のシノギは、三重県にある渡鹿野島（通称・売春島）に女を売り飛ばすことでした。以前、私が経営していたデートクラブ「キャンディーズ」で働いていた女の子二人、レイコとミホ（いずれも少年院同期組）が杉野組の事務所に転がり込んできて、厚かましくも事務所内に寝泊まりしていました。もちろん、非公式の寝泊まりですから、たまに会長が来たときなどはケツをたたいて押し入れに隠れさせました。

もっとも、そのあいだ、遊ばせておくのは生産性がないので、テレクラ▼62に電話をかけさせてお客さんを拾って、売春することで稼いでもらったものです。一方で、面倒を見るふりをしつつ、女の子にはやんわり義理を嚙ませ、勝手に借金を負わせていたのです。借金の大半はシャブの代金でしたが。

女の子のひとりが三重の出身で、ユウちゃんという元カレがいました。ユウちゃんは三重のヤクザです。女の子にユウちゃんを紹介してもらい、渡鹿野島の話を聞きました。私は、内心これはうまい儲け話になると思い、「そこに女を売ったら、店から前金でカネを取れるのか」と尋ねました。ユウちゃんは「そこはタマの質と、あんたの交渉の腕次第だな」と言います。

さらに、渡鹿野島に女を売るルートや前借金が高い店も紹介できると言いますので、じゃあ、やってみようかということになりました。ユウちゃんの条件は「女が売れたら、少しバックをくれ」というものでしたから、たいした条件でもありません。

さて、渡鹿野島に女を売り渡そうかというときになって、女が逃げました。行き先は大阪と知ることができましたので、レイコがよく電話をしていた大阪・中西組《なかにしぐみ》のミヨシさんに電話して女のガラ（身柄）を押さえてほしいという依頼をしました。もちろん、ガラを押さえてくれたら手間賃として十万円つけるという条件です。

蛇の道は蛇ですから、ミヨシさんは逃げた女・レイコと連絡を取り、あっさりガラを確保しました。レイコはミヨシさんに「岐阜は怖いとこやで」と、しみじみ訴えていたそうですが、この確保劇の絵図を描いたのはミヨシさんです。

レイコはミヨシさんと中西組の枝の事務所（新大阪駅の近くにあった）にいたところ、「怖い岐阜の元凶」である私がいきなり登場したわけですから、それはもう腰を抜かさんばかりに驚いていました。

私はそのままベンツでレイコを連れて岐阜に戻り、そこで借金の額を確認させました。これは今回の逃亡で連れ戻しに大阪に行った旅費に加えて、事務所に置いていたあいだの面倒見料や飲み食い、シャブのカネなど適当に盛った金額です。

私は「お前、このカネ、どうやって払うんや。あんたがうちに迷惑かけたカネや。お前が自分でケツ拭かんといかんやろ」とスゴんで脅し上げました。こうなってはレイコもまな板の上のコイです。ブルってしまって何も言えません。渡鹿野島行きを納得しました。

岐阜を出る前に地元のヤクザのユウちゃんに電話し、「明日、女を連れていくから用意しといてくれい」と伝えました。翌日、事情を知った杉野組の部屋住み二人がついていきたいというので、ベンツの運転を任せることにしました。もちろん、女も後部座席に放り込みます。「おとなしくせんと、トランクやで」と脅すと、暴れたり逃げたりする気配はなく、おとなしく座っていました。

三重に着くと、ユウちゃんが渡鹿野島を仕切っている五十代くらいのヤクザ・東さんを紹介してくれました。東さんは、ごつい体つきで、筋金入りという感じの人です。この人が渡鹿野島を仕切っており、島の店の事情を表も裏もよく知っていましたので、前借が出る店に連絡を入れてもらいました。この段階になると、レイコは観念したようで、うつむいて黙り込んでいました。

島にはボロい漁船のような船で渡ります。島といっても、そんなに沖合にある島じゃないので、乗ったと思ったら、すぐに島の桟橋に着きます。東さんは「つたや」という店の女将には話を通していると言いますから、うちの若い衆とレイコを連れて、その店に向かいました。

売りの交渉は大金が絡みますから、人任せにはできません。そこは私が女将と客間で対面して金額の交渉をしました。その結果、私が最初に提示した金額、前借三百五十万円で手を打つことになり、現金はその場でもらいました。そのカネを懐に入れ、レイコには「頑張れよ」とかなんとか、軽く声をかけて店をあとにしました。

レイコを売るにあたって、お世話になった関係者に分け前を渡す仕事が残っています。島を出る前に電話し、東さんの事務所に立ち寄りました。東さんには四十万円渡し、ユウちゃんと分けるように伝えます。

ユウちゃんは「えっ、(分け前)半分じゃないの」とか、ぶつぶつ愚痴っていましたが、私は「あかん、あかん」と言って流しました。東さんは、せっかく伊勢《いせ》に来たのだからと、われわれ一同に、すし店で一席設けてくれ、ごちそうしてもらった記憶があります。この日は伊勢に泊まらず、日帰りしました。

よそのシマでのシノギは気を使うもので、関係者にはちゃんとお礼をしておかないと次が頼めません。何より杉野組のメンツがあります。レイコを確保してくれた大阪のミヨシさんにも十万円の手数料を振り込み、岐阜から三重までついてきた部屋住み二人には五十万円ずつ渡しました。少し額が多いかなと思いましたが、これは同輩への「恩着せ」の意味もありました。

事務所に帰ると、ほかの部屋住みたちが群がってきて、おこづかいをせがみます。相当儲かったと思われていたようですが、そんなことはありません。「儲けなんか、旅費で消えちまったよ」と言いながらも、事務所の同輩たちに十万円ほど投げたかもしれません。

数年後、前借のカネ三百五十万円を払い終えたと思えるころに渡鹿野島に行き、レイコに会いました。「レイコ、久しぶり」と声をかけましたが、レイコは私が誰かわからないのです。心を病んだのか、記憶喪失になっているようでした。やはり、女が身体を売る仕事は心が壊れる有害業務だと、あらためて感じた出来事です。

「シャブについていく汚らしい女」

三重のユウちゃんを紹介してくれた居候のミホは、見た目はかわいい子でしたから、その後、岐阜でカタギと結婚しました。でも、この子もいけません。例にもれず、ポン中だったからです。

デートクラブで働いているときも、私のところに土地のヤクザからあらたまった電話があり、「ミホをワシにくれ」と言われたことがあります。そのとき、デートクラブからはいったん足を洗わせたのですが、その後、ヤクザとは別れています。彼女は男ではなく、「シャブについていく汚らしい女」だったのです。ヤクザになった私を頼ってきたのも、タダでシャブが食えるという理由だと思います。

カタギの男と結婚したままでは上々でしたが、すぐに岐阜の金津園のソープ嬢になっていました。私がヤクザから足を洗ったあとに開いた居酒屋に来たことがありましたが、店の外につまみ出した記憶があります。そのときもソープ嬢をしていました。

渡鹿野島のシノギは、もう一度くらいやりました。これは前回、レイコの捕獲でお世話になった大阪のミヨシさんからの依頼です。なんでも知り合いのヤクザから女を売りたいという依頼があったとのことで、手伝ってほしいというものでした。「いいよ」と言うと、女を売りたいヤクザは赤玉（向精神薬のエリミン、現在は発売中止）百錠を手土産に岐阜に迎えに来てくれました。

私は、その車ですぐに大阪に上がり、その女に会いました。かわいい子だなと思ったことは覚えています。売りものになると思ったので、渡鹿野島を仕切っている東さんに電話し、即日、東さんの案内で、私とヤクザと売りものの子が島に渡りました。二回目の「つたや」訪問です。

女将との値段交渉は当事者のヤクザがやり、話がまとまると現金決済でした。いくらで話がまとまったかわかりませんが、東さんが二十万円、私が百万円もらったことは覚えています。

大阪のミヨシさんは、私をワンクッションに置かないと、渡鹿野島に女は売れないと思っていたようで、話を通してきたのです。東さんも私を通さないと、「つたや」から前借はさせないと言ってくれました。

この子は後日談があります。数日後、渡鹿野島から逃げたという連絡が「つたや」の女将から東さんに入ったのです。私にも東さんから電話がありました。私としては他人のシノギなので関係ありません。とくに動くことはしませんでした。東さんは「自分のところがヘタを打った、カタ悪い（他人に迷惑をかけるなどカッコ悪いこと）話や」と責任を感じており、若い衆を強く責めたようです。かなり厳しく言われたのでしょう。この若い衆はトンだと聞きました。

「戦争だ！」と叫んで逃亡した女

少し話が前後しますが、女つながりでサオリの話をしましょう。少年院が一緒だったサオリは、郵便局の二階のデートクラブでも働いてくれたことがあります（この当時は一緒に寝起きしていました）。

かわいそうな子で、お母さんが手もつけられないほどのポン中だったため、家は絵に描いたようなゴミ屋敷。一度、サオリを訪ねて家に行ったことがありますが、土足じゃないと家に上がれないほど汚いのです。中型犬を家のなかで飼っていましたから、そこかしこに犬のフンがあり、ゴミと混ざり合っています。サオリは押し入れのなかで寝ていたので、「なんだ、この家は、とんでもなく汚ねーな」と驚いたことがありますそのサオリが私を頼って、気がついたら家に住みついていました。このときは母親同様にドポン中でしたから、たまにシャブを投げていました。腹立つことに、私が不在のときに隠しておいたシャブを勝手に食っていました。

私が帰宅すると、「まこさん、すいません。たんすにあったシャブ、勝手にやっちゃいました」と玄関に土下座するほどのポン中ぶりです。見つからないように隠していたのですが、シャブ中も年季が入ると、においで隠し場所がわかるものなのでしょう。

ただ、毎日、サオリを食わせてポンを投げていますから、私としても一宿一飯の貸しがあります。少しは役に立ってもらわないとフェアじゃありません。サオリもそのことを気にしていたのか、自分をカネにしてほしいと言い出しました。

「まこさんにご迷惑ばかりかけてしまいました。何も恩返しできませんから、私を売ってください。お金にしてください」と言い出したではありませんか。

「おめえ、売られるって、どういうことかわかってんだろうな」と問うと、殊勝にも「はい、覚悟のうえです」と言います。

「そうかい、じゃあ、売ってあげるよ」と応じ、さっそく経験のある渡鹿野島を仕切る東さんに電話してみました。しかし、そのときは島に警察のガサが入っており、島が衰退し始めていたので、前借で大金を出すようなお店がなくなっていたのです。

「こいつは困った。サオリのたっての頼みをかなえられないな」と思い、兄貴分のひとりに相談してみました。すると、「オレが面倒見ている塩原《しおばら》温泉▼63を当たってみるよ」と言ってくれました。

数日後、その兄貴分が「ここがいいんじゃねえか。いちおう店の女将にも話を通してるよ」と、お店の名前と電話番号が書かれた紙を持ってきてくれたのです。さっそく店に電話して女将に事情を話すと、快く受けてくれるというじゃありませんか。

翌日、サオリを乗せて塩原温泉にある店に出向きました。金額の交渉はスムーズに運び、数日、サオリの働きぶりを見てカネを振り込む段取りをつけた私は、サオリに最後のサービスすることにしました。

「おい、サオリ、お前は今日からここで働くようになったぜ。しばらくシャブもお預けだろうから、思いっ切り濃いやつを打ってやるよ」とトリプル濃度のシャブをサオリの腕に打ってやったのです。

まあ、ここまではよかったのですが、しばらくすると、サオリが「ハアハア」と言い出し、呼吸が荒くなりました。「少し入れすぎたかな」などと思いながら、たいして気にもとめず、「じゃ、女将さん、サオリをよろしく」などと挨拶しつつ店をあとにしました。

普段、あまりサービス精神が旺盛ではない私が変な同情から大サービスしたことで、大しくじりをやらかしました。

翌日、女将から電話があり、「ちょっと、西村さん、あの子はなんなんですか。昨夜はお客さんを取らせるでもなく、休ませようとしたら、『戦争だ！　戦争だ！』って走り回って大騒ぎするんで、手がつけられなかったんですよ。あの子は売りもんになんかなりゃしませんよ。さっさと引き取ってくださいと言うではありませんか。

すぐにサオリ本人からも電話があり、「女将さんから『帰りな』と言われました」と半泣きで言います。私は、こいつ、またしくじりやがったと腹が立ちましたから、「てめえ、迎えになんか行かねえぞ。てめえの足で帰ってこい。うちに恥かかすんじゃねえよ」とひと言、電話を切りました。

その後、岐阜の神田町《かんだまち》に行ったとき、サオリが女のツレと一緒にいるのを目撃しました。「どうやって岐阜に帰ってきたのかな」などと考えていたら、結局、私の家に戻ってきました。塩原温泉以降、私らの仲間内では「戦争だ！」というあだ名をいただいていましたが。

家に住みつかれた以上、ポンと飯は投げてやらないといけません。また売るのも面倒ですし、「戦争だ！」の一件もあったので不安でした。たまにテレクラに電話して売りをさせながら、サオリの活用法を考えていましたら、彼女が役に立つチャンスがめぐってきたのです。

ついにはヤクザを拉致する

しょうもないことで岐阜中署に引っ張られたとき、西田という四十代のヤクザとばったり会いました。この西田が「女を紹介してくれ」と言いますので、「あんた、どの面下げてうちにそんな頼みができるんだい。まあ、いいけど、ぜいたくは言わさんよ」と念押しし、サオリをつけました。

私としては西田とかかわることに気が進まなかったのですが、話しているうちに、ひとつの絵図が脳裏に描かれていました。

以前、デートクラブをシノギとしてやっているとき、客だった西田はレイコの首にシャブを打ち、ひどいことになったことがあります。レイコは一週間くらいのあいだ、シャブのショックで顔半分がゆがみ、売りものにならなかったのです。

その後、デートクラブのケツ持ち[▼64]をしてくれていた近藤組の小久保君がやっていたテキヤを手伝ったとき（デートクラブ時代）、縁日の人ごみに西田の顔を見つけた私は三寸の棒（露店の支柱）を外して西田をめった打ちにしました。このときは、お祭りですからたくさんの人がいます。縁日の参道は大騒ぎになりました。

結果、近藤組の兄貴分が私と西田の事情聴取をして、「商品の首にシャブを打ったお前が悪い」というわけで、ボロボロになった西田からレイコと私への慰謝料と「お騒がせ料」を徴収してくれました。私的には西田をフルボッコにしてスッキリしましたし、レイコの仕返しもできたことはよかったのですが、この事件以降、近藤組から「ハッチャキ娘」というあだ名をつけられてしまいました。

そうした腐れ因縁のある西田が「女を紹介してくれ」などと、どの口が言っているのかと驚きますが、うまい話を聞き出したのです。それは西田が四十五口径の拳銃を持っていると言うのです。当時、チャカの値段が高かったので、私は「これを奪ってやろう」と考え、絵図を描きました。そのエサとなるキーパーソンがサオリというわけです。

家に帰り、西田のもとに派遣する前に、サオリには因果を含めました。ポン中の「わかった」は信用できません。いまでいうところのロープレ（ロールプレイング）までしたほどです。西田に電話でホテルを伝え、そこまでサオリを送り届けた私は、「あんた、ドジ踏むんじゃないよ」と念押しし、西田の部屋に連れていきました。

西田もサオリもポン中です。キメセクの前にはポン中同士の儀式があるでしょうから、二十分ほど若い衆二人と車で待機しました。ころあいを見計らって、私は二人を連れて西田の部屋を急襲したのです。

部屋に入ると、ベッドサイドにポン中セットが置かれ、二人ともスッポンポンです。男は裸だと抵抗する気も起きないようで、必死に股間を隠してバンザイしています。

私は銃口を西田に向け、若い衆が身柄を確保しました。服を着せて車に押し込むと、ヤクザ渡世をしている大の男が、「まこ〜、助けてくれ。命だけは取らんといてくれ」と泣きを入れ始めました。

なんと、サオリは、この男を本気で好きになったみたいで、「まこさん、この人、許してやってください」などと寝ぼけたことを言っています。「お前は黙っとれ」と一喝し、西田の顔に私の顔をキスできるくらいまで近づけ、「あんたの命は助けたるけど、条件がある。あんたが自慢の四十五口径を子分に持って来させろよ。簡単だろ」とスゴみました。

電話をかけ、子分が四十五口径のチャカを持ってくるまで、若い衆のひとりに、「ちょいと、こいつの番をしといて」と言い置き、もうひとりと目の前の食堂でうどんをすすっていました。すると、見張りの若い衆が血相を変えて店に飛び込んでくるなり、

「兄貴、あいつが逃げました」と叫びます。

「てめえ、何、見張ってんだ」と激怒し、箸を置くと、私は表に飛び出しました。「おめーら、手分けして探せ」と言いながら周辺を探しましたが、西田のやつは逃げ足だけ

は相当なもので、影も形もありません。四十五口径奪取計画は西田の逃走によって頓挫してしまいました。

翌日、杉野組の事務所に西田から電話がありました。「昨日、おたくのまこさんに、さらわれちゃったんですよ〜。いまから仕返しに行きまーす」と、ふざけたことを言っています。私は電話番から受話器を奪うと、「テメー、言いやがったな。上等じゃねえか。やれるもんならやってみな。いつでも来いよ。待ってるぜ」と言い放ち、電話を切りました。

結果、待てど暮らせど、西田からのカエシ[65]はありませんでしたが。

このあと、私が懲役に行っているときにサオリは自殺したと聞きました。シャブと売りの青春でしたから、この知らせを聞いたときは、彼女をかわいそうに思ったものです。

ただ、サオリの亡霊は私を殺人者にしました。後日、私が二年六月の懲役を務めてシャバに出てきた折、知り合いの何人かから「早かったね。お帰り」と言われます。「いや、恥ずかしいションベン刑ですから」と返すと、「いやいや、殺しでこの短さはたいしたもんだ。さぞ優秀な弁護士がついたんだろうね」と言います。

「そりゃあ一体全体、なんの話ですか」と私が怪訝《けげん》な顔をしますと、「今回の赤落ちは殺しだろう」と言うのです。「うちが誰を殺したって」と、いぶかしげに重ねて尋ねると、「ほら、あんたとよく一緒にいたサオリだっけ。あの子をバラした▼66んだろ」と本気で信じているのです。「まさか、バラしたら、こんなに早く出られるわけないじゃん。違うよ」と否定する私も、きまり悪くてしょうがありませんでした。

第4章

女子刑務所ぶっちゃけ話

同居人のとばっちりで「赤落ち」

私は部屋住みといいながら、事務所の近所に部屋を借りていました（指もここで落とした）。じつは、ここに居候がいたのです。組に入る前にやっていたデートクラブで働いていた岐阜の子を住まわせていました。この部屋にはデートクラブのときに登録した電話番号が生きてつながっており、まれにお客さんから電話があると、居候の子をお客さんの相手に行かせていました。

この家に早朝から警察のガサが入ったのです。この居候の子の事件で入ったのですが、私も尿検▼67されました。このとき、シャブはしていませんから陰性です。しかし、隣の部屋からパケが見つかりました。

私としてはわけがわかりませんが、ここで「うちのじゃない」とか言って事務所にガサが入れば、手当たり次第に組員が尿検されます。そうすると、間違いなく陽性が出る人間がいますから、ここは私がかぶるのが穏当です。そういうわけで、岐阜中署に覚せい剤所持で持っていかれました。

これは、あとで聞いた話ですが、居候の子は貧乏な家の子ではなく、実家に大きな金庫があったそうです。仲よくなった男に、その金庫のことを話し、金庫破りの手引きをしたことで逮捕されたとのこと。私からすると、とばっちりもいいところです。

そうなると、執行猶予中の弁当[▼68]が生きてきます。前回の傷害と薬物所持を併せて二年六月をもらいました。二十二歳のときです。

赤落ちは笠松刑務所です。私にとって初めての刑務所ですから、ヤクザに箔がつくというものです。気落ちするなどということはなく、興味津々でした。会長は「仮釈もらって早く帰ってこい」と言ってくれましたし、未決段階で拘置所にいるときは、毎日のように誰かが面会に来てくれましたし、会長や姐さんまで来てくれましたから、時間がたつのが早く感じたものです。

このとき、岐阜中署の留置所で顔を合わせていた二人ほどが、有罪で笠松刑務所に先乗りしていました。彼女たちが露払いといいますか、枝葉をつけて私のことを宣伝していたのです。あとで聞いたことですが、「女ヤクザが来る。彼女は大物で、ベンツに乗っている。なんでも、人を殺したらしい」などなど、女ヤクザ以外は根も葉もない噂《うわさ》です。

赤落ちしたら初犯工場で、少年院で取った杵柄《きねづか》のミシンを踏みました。このときは会長の言うとおりに仮釈もらい、真面目に務めて早く出ようなどと考えていましたが、その決意はすぐに食らった懲罰で崩壊しました。

「日本初の女ヤクザ」に認定される

考査での独居期間が終わり、移された雑居では男役で大柄なやつがのさばっており、肩で風を切りながらホラばかり吹いていました。こいつのあだ名はチンタラ。女役も同じ刑務所にぶち込まれていました。チンタラとこの女役はシャバで一緒に生活し、泥棒を生業《なりわい》としていた累犯だそうです。

女子刑務所では累犯者が初犯者と同じ房になることはめずらしくありませんし、この女のように累犯を鼻にかけて威張る人間、シャバでは大物だったと話す人間など、要するに「刑務所大臣」も少年院同様のあるあるです。

同房の人間がゴマをすって拝聴しているものだから、いい気になって「シャブをスコップですくってバイしていた」などというたわ言をさんざん聞かされ続け、頭にきたので殴ってやると、デカい図体のわりには一発で泣きが入りました。

刑務所には、このチンタラとツレのように、男役と女役がいます。どの工場だったか忘れましたが、在監中に二回、男役から「つきあってくれ」と声をかけられたことがあります。ひとりはトム、もうひとりはキクチという同衆です。

トムは私のところに来てモジモジしています。普段は態度がデカいのですが、恥ずかしそうにしながら、小さな声でモゴモゴ言っています。私が「はあ?」と数回聞き直すと、ようやく「つきあって」と言っていることがわかりました。

このトムは私が笠松刑務所を出所して数カ月後、岐阜まで追っかけてきました。あまりのキモさに、その女の顔を殴ってしまいました。何を思ったのか、その女は二十万円を置いていったのですが、それはありがたく頂戴しました。

キクチという男役は「好き」と言って抱きついてきました。私はビックリして固まってしまい、何も言えませんでした。どちらも幸い同じ部屋になったことはありませんし、工場も違いました。ですから、告白の場所は入浴の交代時だったと思います。

刑務所大臣のチンタラを殴った騒ぎを聞きつけた先生たちが大勢集まってきて、私は数人の先生たちに、半ば抱えられるようにして懲罰房に引きずっていかれました。

懲罰房は少年院と同じようなところです。最初のうちは懲罰委員会の取り調べなどがあったので、その房から出ることができましたが、調べが終わり、懲罰の言い渡しがあると、二十日ものあいだ、房から出られません。これには閉口しました。

懲罰は独房の真ん中に正座が基本です。朝八時から十七時までのあいだ、一時間正座、五分安座（あぐらをかくこと）のサイクルを繰り返します。ただし、昼食時間だけは自由にしていいというルールです。とはいえ、つねに見張られているわけではなく、巡回の先生が来ると、鍵の音でそれとわかります。だから、巡回時以外は安座にしていました。

なぜかわかりませんが、私は刑務官にエコひいきされていたようで、巡回の先生が話しかけてくれたりしましたから、懲罰でも深刻な孤独を味わわずにすんだ気がします。

そういえば、このタイミングで「ヤクザの脱退届」を書きました。ある日、独居房から連れ出されて調べの部屋に入ると、金筋が待っており、一枚の紙が机に置いてあります。「あなたは暴力団組員なので、脱退届を書かないと仮釈もらえないけど、どうするね」と聞いてきました。

私は親分が「仮釈もらって早く帰れ」と言ってくれたのを思い出し、ひと言、「はい、書きます」と応じました。じつは、ここで応じたため、この金筋を慌てさせてしまったのです。脱退届は、たかだかA4一枚の用紙です。そこに簡単なことを記入するのです。金筋が「そこはそう書いて、こう書いて」と指導しますが、すぐに戻ってきて、「ここ書き直して」と何度もやり直しをさせられました。最後には「あんたが日本初だから、こんなに時間かかるんよ」と、いやみを言われました。

結局、脱退届作成に要した時間は半日です。後日、先生から聞きましたが、日本の女子刑務所で脱退届を書いた例がないため、どのように書いたら正解なのか、上の人間にもわからなかったそうです。私ができあがった脱退届を見ると、「あんだけ時間かかって、こんだけ？」という代物でした。そんなに時間がかかる意味がわかりません。

懲罰明けは工場が変更になります。私は懲罰が多かったので、笠松刑務所にあった四つの工場をすべて回りました。

この工場は、すべて縫製工場でした。最後に行った累犯工場に東洋被服が職業指導に入っていました。これは中学校卒業時に父親にレールを敷かれて住み込み就労した会社です。在職中にかわいがってくれた専務が工場にいるのでビックリでした。

専務はすぐに私に気づき、笑顔で「元気にやっていますか」とか声をかけてきましたが、私はシカトしてしまいました。街中ならいざ知らず、この場所での再会はカッコ悪いですし、気まずすぎます。結局、東洋被服の専務と会話することはありませんでした。

サン・ローランのメガネをめぐる戦い

私は目が悪かったので、メガネが必要だと願箋《がんせん》▼69を書きました。そこには逮捕されたときにかけていたイヴ・サン・ローランのサングラスのフレームを使い、レンズだけを入れ替えたいと具体的な要望も書き込みました。視力検査をされ、メガネが必要と認められ、願箋のとおり、要望が認められました。ですから、数週間後にはサン・ローランのメガネをかけて工場に出ていたのです。

本当に目が悪かったから願箋を書いたのです。とはいえ、見栄《みえ》もなかったとはいえません。刑務所のなかでは官給品ばかりで、他人と差別化を図れるものがないのです。男子は自弁購入のサンダルなどで差別化が図れる刑務所もあるとか聞いたことがありますが、少なくとも笠松は官給品のみでした。

ところが、メガネは生活するうえで欠かせないものですから、目が悪い人はメガネをしています。そのメガネもピンからキリまで。高そうなメガネをかけている受刑者を見たことがあります。ですから、サンローランのメガネをしていると、同衆と差別化を図れるというのが、当時の私の考えでした。

メガネをかけ始めて一カ月くらいたったころ、担当に呼ばれて、「そのメガネは派手だから、ダメだ」と言われました。こっちは刑務所に願箋を書いて正式に許可されたものですから、許可した刑務所がダメだということには、とうてい納得できません。

「官のくせに、吐いた唾を飲みやがって」と腹が立ちましたから抵抗することにしました。もしかしたら、この不許可判断は刑務所長交代のタイミングだったからかもしれません。

メガネ事件の少し前、女性の新所長が笠松刑務所に着任したとき、刑務所内の巡回がありました。もちろん、所長とは会ったこともない初対面ですが、工場で働いていた私の横で立ち止まり、いきなり語りかけてきました。「あなたは、こんなところに来る人じゃないでしょ。目がきれいだから」と。新所長は、そのまま歩み去ったのですが、所長が受刑者に声をかけたのは、この着任巡回中で、私だけだったそうです。

メガネの話に戻りますが、結局、領置《りょうち》になりました。私としては納得できませんから「いやだ」と言ったところ、独居に移されました。メガネのことがどうしても納得がいかず、腹の虫が治まりません。刑務所の上部組織である法務省矯正局にも不服申立書を提出しましたが、認められませんでした。

独居のあいだ、新所長に呼び出されて、フレンドリーな雰囲気のなか、世間話をするようになったのは、いい気晴らしでした。ただ、やはり独居は寂しいのです。二カ月ほど頑張りましたが、「もう無理だな」と観念してメガネをあきらめ、おとなしく雑居に戻りました。

姐さんをイジメから救う

工場を転々としていると、モタ工《こう》[70]が入っている舎房にも回されます。モタ工とはモタモタ工場の略で、要は年寄りばかりが働いている工場です。そうした高齢者の舎房ですから、洗面台には入れ歯が並んでいました。年寄りですから、会話も嚙み合いません。

このときに働いた初犯工場で、四十代くらいのオバサンがイジメられていました。この人とは留置場から一緒で、部屋は違いましたが、運動場で話したときにオバサンの旦那と息子が旧知の友人であることを知りました。

この旦那はヤクザの組長でした。この人は旦那のシャブの罪をかぶって赤落ちしているかわいそうな人でした。れっきとしたヤクザの姐さんなのに、工場中から仲間外れにされ、孤立し、かわいそうでした。そこで、同じ工場の私が首謀者のイジメっ子二人を仲間外れにしたところ、工場の人たちは残らず私の側につきました。

さらに、首謀者の横着なやつを一発殴ってやると、イジメはそれっきり終わりでした。

姐さんは「ありがとうね。帰ったらお礼するでね」と何度も言っていました。

相手がイジメっ子とはいえ、殴っていますから、懲罰房行きでした。しかし、正しいことをして人の役に立ったということもあり、気分よく懲罰を受け入れた記憶があります。私が懲罰に行ってからも、この姐さんが再びイジメにあうことはなかったし、イジメっ子二人がデカい顔をすることもできなかったと、後日、耳にしました。

昼夜間独居では特別少年院時代に得意だったレース編みをしてみました。ところが、少年院時代と大きく違う点がひとつあります。それは左手の小指の先がないことです。小指の横にある薬指に応援を頼みましたが、小指の半分も役に立ってくれないのです。しかたないので、レース編みは途中で断念しました。

塀のなかで商法を学ぶ

そこで新たに挑戦したのが実用的な知識習得です。通信教育で大学の商法にチャレンジしました。これは気合いで始めたものの、専門用語が多用されており、思ったよりかなり難解です。

こちとら中学校や高校の勉強をしていませんから、余計に難しく感じました。専門用語は『広辞苑《こうじえん》』▼71で引いてもわかりません。刑務官の先生に聞いても「私じゃわからない」という返事しかもらえません。すると刑務官のひとりが、「あの人に聞いたらわかるんじゃないか」とアドバイスしてくれました。

「あの人」とは何度も詐欺で逮捕されたオバちゃんです。さっそく教科書を持っていき、教えを請うと、簡単に教えてくれました。さすがに累犯の詐欺師は賢いわと、詐欺師を見直したものです。

この自主学習は、その後、雑居に戻っても継続しました。勉強は自分の意思で時間を決めて継続しないとできません。ですから、決まった時間になると、机ごとクルリと反対を向いて、ほかの同房者に背を向けて勉強していました。

この自主勉強を続けていくことは、私の刑務所生活に生きがいを与えました。刑務所の工場作業は単調で、ひたすら時間のムダに思え、なんだか自分が社会から取り残されていく気がしていたのです。そして、最後の工場で運命の出会いがあったのです。

生涯の親友・クニちゃんとの出会い

現在も親友ですが、河村邦子《かわむらくにこ》姐さん（クニちゃん）と出会いました。彼女は名古屋の初代河村一家親分の娘です。河村一家の初代親分は名古屋をつくった人として任侠界では名が通っています。初代親分は平野家《ひらのや》一家、瀬戸一家、稲葉地《いなばじ》一家を傘下とし、親分が傘下組織に組員の割り振りをしていたと聞きます（現在は弘道会《こうどうかい》に吸収されています）。

その親分の娘さんであるクニちゃんは最後の雑居で同じ部屋です。刑務所の同衆は、ほら吹きばかりで自分のことしか考えない輩《やから》ばかりでしたが、クニちゃんは本物でした。大きな話はせず、もの静かで、頭もよく、大学なんかもすませていました。

実際、その外見だけ見ると、模範的な学校の先生みたいです。クニちゃんと会ったとき、私は「掃きだめに鶴」という俗諺《ぞくげん》を思い出すと同時に、育った環境の恐ろしさを、つくづく感じたものです。

クニちゃんと同じ舎房になってからというもの、自主勉強でわからないことは、詐欺のオバちゃんに教えてもらわなくても、クニちゃんに聞けば十分でした。舎房の生活もまったく問題なく、あとは出所日まで平和に暮らせると信じていました。

ところが、この部屋にも気に障るいやな女がいまして、ついイジメてしまったのです。そいつがトイレに「まこのバカ」と落書きしました。誰が書いたのか、厳密にはわからないのですが、私は、そのいやな女に「てめえが書いたんだろうが」と舎房のなかで一発殴ってしまったのです。

そこからはお決まりの懲罰です。結局、釈放まで昼夜独居に入れられ、「引き込み[▼72]」にもなることなく、満期で釈放を迎えます。苦労して脱退届を書いた意味がありませんでした。

独房は、もとの雑居の向かいにありました。その舎房を出るとき、クニちゃんに「頑張って」と手を振ったことだけは鮮明に覚えています。

満期釈放の日、おかしな話に聞こえるかもしれませんが、「ここ、もうちょっといてもいいかな」と思う自分がいました。刑務所は話に聞くほど厳しいところではなく、私には総じて刑務所生活が楽しかったといえます。

入る前から、かなり盛られた噂が先行して入っていましたから、端《はな》っからリスペクトされて、楽ちんでした。稼業柄、男子の刑務所話はいろいろ耳にする機会がありますが、女子刑務所と違って、かなりひどいところだと思います。

ひとつだけ、ありがた迷惑なことがありました。笠松刑務所は、さまざまな年代の人が収容されていました。私はヤクザとはいえ、二十二歳の若年者です。私より若いのはアベック殺人事件の殺人犯でした。この事件は一九八八（昭和六十三）年に発生した、アベック（現在はカップルといいます）が不良少年グループ六人にリンチされ、殺害されたという凄惨な事件です。

彼女は未成年のときに無差別殺人をして不定期刑で笠松に入っていました。彼女は私に懐いてくれていましたので、しゃべる機会を捉えて、「どうしてそんなことしたんだい」と思い切って事件のことを聞いてみました。彼女いわく、「事件のときの記憶がないんです」と答えてくれました。

若い囚人は年寄りにかわいがられます。正月の紅白まんじゅうやお菓子が出ると、みんな私にくれるのです。私は食べ物に執着がありませんのでありがた迷惑でしたが、丁重にお礼を言っていただいていました。もっとも、もらったお菓子は甘シャリに飢えた同房者にあげていました。

女子刑務所初！ヤクザのお出迎え

いよいよ釈放のとき、女性の所長が「なんだ、あれは。こんな光景、初めて見る」と慌てていました。男子刑務所ではよくある放免風景かもしれませんが、ここは女子刑務所です。なるほど、日本初の女ヤクザの出所ですから、所長が見たことないのも当然でした。

刑務所の門前に杉野組組員が二列に並んでいました。私が出てくると、一斉に「お疲れさまでした」と頭を下げます。もうひとり、満期の人がいて、その日は二人の出所でした。その満期の人も組関係の姐さんだったようですが、男の人二人が迎えに来ているばかりでした。

部屋住みの組員がドアを開けているベンツの後部座席に乗り込み、本部長の横に座りました。ベンツはゆっくり笠松刑務所をあとにしました。刑務所から事務所までは近いので、ドライブは三十分もかかりません。この距離ですし、短期二年六月の務めですから、シャバの不在がウソのようです。

事務所に到着したら、本部長から「風呂に入って垢を洗い流せ」と言われました。風呂上がりでスーツに着替えて義理場に行くと、豪勢な食べ物が並んでいます。その場に参集した親分、幹部、若中はスーツを着てネクタイを締めていました。そんななかで小柄な私がブラックスーツを着て交じっていますから、珍妙です。誰が言い出したか知りませんが、それから組内では「宝塚」と呼ばれるようになりました。

席に座って成沢の兄貴が挨拶し、私が挨拶をすると宴会になりました。みんな私に出所祝いが入ったお包みを持ってきます。出所祝い金の合計は百万円を超えていたと思います。出所祝いをしてもらえるなどとは想像もしませんでしたから、少々面食らっていました。

くだらないことでの赤落ち。直接、組のことで落ちたわけではないけど、まあ、考えたら、私がガサに入った刑事に「そんなシャブは知らん」と言って通したら、事務所にガサが入って、そこにいる者が尿検され、逮捕されたかもしれない。私が背負《しょ》った[73]から組にガサが入らなかった。まあ、これでよかったのかな……とか考えていました。

宴席では親分も私の出所を喜んでくれ、姐さんも「まこはきれいになったね――」とか、お世辞を口にしながら上機嫌でした。私は二十四歳になっていました。

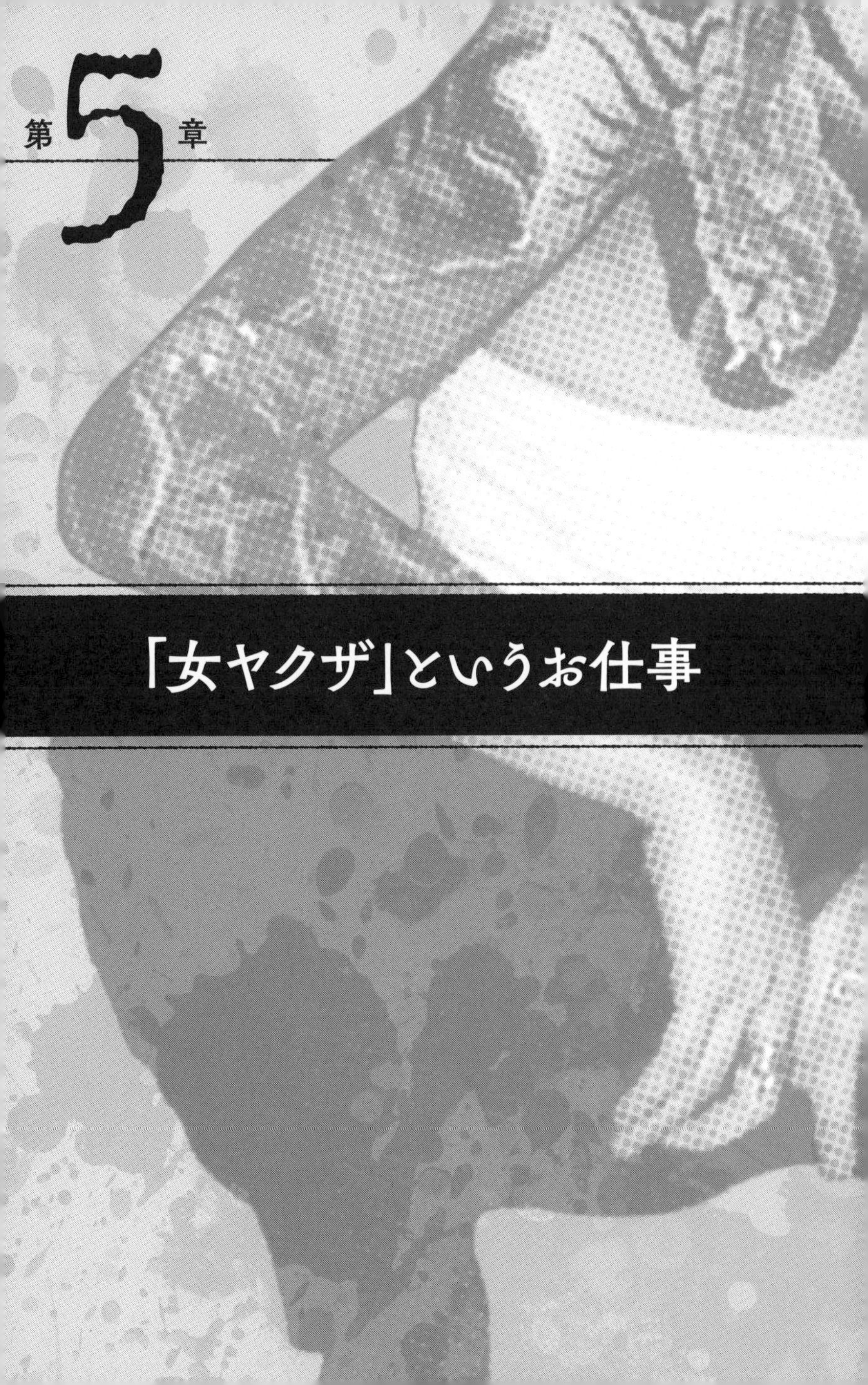

第5章

「女ヤクザ」というお仕事

まこ、「女のヒモ」になる

さて、これからがポン中、シャブ屋（これが主なシノギ）、面倒見、恐喝など、本格的なヤクザ生活の幕開けです。再び杉野組の部屋住みをしながら、ムショボケ治療に励んでいると、刑務所で一緒だった女から本部事務所に電話がありました。ロシアン・ハーフだったこの女性が言うには、なんでも東京のヤクザから追い込みがかかり、岐阜に逃げてきたということでした。小さな子どもを連れていますから助けてほしいという内容でした。

私は、とりあえず本部の前にあったボロアパートの物件を借り、そこに住まわせました。どんな事情かはわかりませんが、自分を頼って岐阜まで来ていますので、私はこの女の肩を持つしかありません。

ほどなくして女の所在を知ったヤクザが追ってきました。私はそのヤクザと会い、「てめえ、大の男が未練がましくしてんじゃねえよ」と話を蹴りました。すると、その

第5章

「女ヤクザ」というお仕事

ヤクザは名古屋にあるバックの大組織を出してきたのです。この組織から杉野組の本部事務所に電話があり、私と電話口で大ゲンカになりました。

結局、双方ひざ詰めで話し合うことになり、岐阜県羽島郡岐南《ぎなん》町にあったロブスターハウスというレストランで話し合いの場を持つことに決まりました。

この話し合いのとき、私は車のなかで同輩たちに押さえつけられ、話し合いの場に出させてもらえません。私が行くとケンカになり、まとまる話もまとまらないというのです。ですから、その話し合いには杉野組の幹部が臨みました。私は同衆に押さえつけられながら、「絶対に引かんといてくださいよ」とだけは幹部に念押ししました。

小一時間ほどしてから話がついたようで、双方の人間がレストランから出てきました。女を追ってきた東京のヤクザは怒りが収まらなかったのか、翌日、事務所に電話をかけてきて、「そんな女の面倒を見ていたら、あんた、泣きを見るよ」と捨てぜりふを吐かれたことを覚えています。「そんなこと、てめえに言われる筋合いはねえ」とかなんとか言い返したことをうっすら覚えていますが、電話は一方的にプチンと切れました。

その親子は私が面倒を見ることになり、引き続き本部の前のボロアパートで暮らしていました。親はソープで働き始めましたが、なんと、私に恩義を感じたのか、毎日、稼ぎの半分を私に持ってくるようになりました。

これにはさすがに閉口しまして、「毎日カスリを持ってこなくてもいい」と言いましたが、その子は聞きません。上の人間に「これじゃあ女のヒモやん」と言うと、そこに居合わせた局長が「それもヤクザの器量やで」と言われましたから、黙って受け取ることにしました。

この子は、その後、建設関係の会社をやっていた社長に囲われており、一度はやめていたシャブの深みにハマってしまいました。救いは娘さんが道を間違わずに成長して米軍基地で働くようになったことです。就職が決まったとき、事務所に挨拶に来てくれて、基地で売っているプレミアものお菓子などを差し入れてくれました。ヤクザをやっていると、他人の人生にかかわることがありますが、このときは「いいことをしたな」と思って、うれしかったものです。

「シノギ」のリアル

ヤクザ者の日常的なシノギはキリトリ、いわゆる債権回収です。まあ、因縁づけですね。これは直接、商店主などから依頼され、素人さんからカネを回収するシノギです。回収に行くと、こちらは三人くらいで債務者を囲み、いきなりケンカ腰で話をしますから、相手はブルってしまいます。

回収したカネは半分を依頼者に渡し、残りは山分けにします。いわゆる取り半です。楽なシノギでした。カタギの人間から頼まれるシャブ代の取り立ては相手がボケていますから、とりわけ楽ちんでした。

もっとも、取れなかったこともあります。いま思うと、大きいカネを借りている人間は計画的な人間です。借用者の住所のヤサに行ったら、そもそもそこに住んでいないなど、端から逃げる気でいるケースもあります。あるいは、回収に行ったら、いろいろ言い訳しながら、明日のこの時間までにカネを用意しておくと約束し、翌日に訪問してみますと、家はもぬけの殻になって夜逃げしていたことなども、数え切れないほどありました。

次にシャブ屋。これは身内じゃなく、ほかの組の人間に売っていました。顧客は二十〜三十人ほどいたと思います。うちの品物は、ほかの売人より安かったし、関東のブツでしたから、ものがよく、人気だったと思います。

セコイやつもいて、二万円分のシャブを注文しておきながら、支払いのとき、出してきた封筒のなかには一万円しか入っていません。そのときは頭にきましたから、取り引き場所の喫茶店のトイレでシャブを半分にして、キッカリ一万円分渡しました。

当時は携帯電話など便利な道具がありませんので、ポケベルで注文が入るか、事務所の電話に入ってきました。売買は、かなり適当でした。一グラムが一万円なのに、一パケ（約〇・三グラム）一万円のこともありました。こっちも常ポンでヨレていますから面倒くさかったのです。

もっとも、組で扱うシャブは事務所の奥の部屋で兄貴分が持ってきたシャブを天秤《てんびん》ではかってパケをつくり、小分けしていました。シャブをはかり、ビニールのパケに小分けし、割りばしで挟んでライターの炎で封をする。この作業が延々と続きます。シャブでボケていないとできない仕事です。三人くらいの部屋住みが額を寄せ合って取り組む地味なシャブの小分け作業。見た目は、まるで家内手工業のようでした。

私は懲役に行ってシャブは断《た》っていましたが、出所したら、すぐに同僚の部屋住みが「まこちゃん、シャブやっちゃう?」と持ってきましたから、たちまち再開してしまいました。なんといっても、杉野組ではシャブはタダですから、やり続けてしまいました。シャブを常ポンで続けたのは、好きというよりは、シャブの効果が切れたら身体がエライからです。だから、切れ目なく続けるしかなかったのです。

自分は外見ではヨレていないと思います。ほかの人間から「まこは強いな」と、よく言われていました。ですが、白状すると、中身はヨレヨレだったのです。幻聴や幻覚はバリバリありました。たとえば、影が人に見えたり、水道が流れる音が人の声に聞こえたり、たんすの影が人に見え、誰かが部屋にいるような錯覚が生じます。ただ、私はこうした幻覚や幻聴が生じることを口に出して他人に言わなかっただけです。

ヤクザは給料制じゃありません。各人のシノギに応じて上納していました。この当時、杉野組では毎月の会費は徴収されていなかったと思います。私はシノギの一割、百万円をシノいだら、十万円を会長に直接渡していました。

シャブは兄貴分からシノギの一部を取られていました。なんでも兄貴は会長に「まこのおかげで生活ができている」と言っていたそうです。最近では会費を払うために昼間にガテン系などカタギの仕事をするヤクザがいると聞きますが、当時は上納がキツイと思ったことはありません。組の看板使用料と思えば安い上納でした。

「当番」はつらいよ

これはシノギじゃありませんが、青田当番というものがあります。杉野組は千葉にある住吉会系青田睦会の下部組織ですから、定期的に当番に行かないといけません。もちろん青田の若い衆も杉野組本部に当番に入ります。これはお互いさまですが、当番という名の顔合わせみたいなものでした。

青田当番に入る日は朝の六時前には岐阜を発《た》ち、午前十時前には千葉の青田睦会本部に入らなければならないのです。千葉の本部事務所に到着すると、事務所の応接室で背筋を伸ばして座りっぱなしです。こればかりは刑務所の懲罰と互角の厳しさでした。同衆とアゴいくと、「遊びに来てんじゃねえぞ」と幹部の叱責が飛びます。当番は杉野会長も一緒に来ますが、会長はというと、アゴばかりいっていました。

この当番のあいだ、唯一、肩の力が抜けるのは昼食時だけです。これは事務所の外の食堂に杉野組のみんなと一緒に食べに出ますから、自由時間のようなものでした。青田睦会の本部事務所は関東ヤクザらしいというか、ビジネスライクで、テキパキしていた気がします。ファミリー的なユルい杉野組に慣れていると、ちょっと関東のノリにはついていくのが大変でした。

あるとき、親分オーラが桁違いな青田睦会二代目、住吉会最高顧問の児玉明《こだまあきら》総長から「西村、お前よ、うちの部屋住みせい」と言われましたが、「すいません」と即答でお返事しました。杉野会長が私のことを過度に売り込みすぎた結果だったと思います。

女ヤクザ、破門処分を受ける

杉野組にいるとき、たまにほかの組とイザコザがあって事務所待機になるくらいで、抗争のようなドンパチはありませんでした。ただ、困ったことに、この事務所にはポン中が多く、黙ってトンズラする人間が結構いました。かくいう私も二十八歳のときに何もかも面倒くさくなって、このトンズラ組に仲間入りしたのです。

長野県諏訪《すわ》市に本部長の事務所がありました。ここには事務所当番でごくまれに行かされていました。ある日の帰り道、部屋住みの後輩と一緒に事務所に戻らず、トンズラしたのです。

事務所をトンだとはいうものの、別に他県に行くでもなく、しれっと岐阜駅前に部屋を借りました。部屋住みの男の子も一緒です。この子は私の人生初の彼氏でしたが、別に愛があったわけではありません。事務所内では私が上でしたから、上下関係は一緒に住んでも、そのまま継続していました。

杉野組の事務所からトンで岐阜駅前に住んでいますから、すぐに噂が広まりました。コソコソすることなく、私はトンズラして威張っていました。数週間もすると普通に杉野組の人間も遊びに来ている始末です。街で会長とすれ違うと、会長は「まこ」と言って手を振っていました。一緒にトンズラした男の子は会長から「テメー、このやろう」などと悪態をつかれて蹴りを入れられていました。

私が杉野組からケジメを取られなかったのは、おそらく理由があります。組に入る前、デートクラブやゲーム店をしているとき、かなりヤクザ人脈が構築されました。さらに、地元の出身で不良をしていると、そこからの人脈もかなりのものです。だから、組織としては、私に何かやらかしたらカエシをされる可能性があると考えたのかもしれません。

あとは、ヤクザの葬式などがあったとき、会長がほかの組織に私を自慢していましたから、一目置《いちもく》いてくれていたのかもしれません。

結局、このときの処分は「破門」でした。

第6章

アウトローだって恋したい

人生初の彼氏ができる

彼氏は組の部屋住みをしているときは事務所のテゴ▼74みたいに使われていました。私より年は三つ下でした。ですから、彼氏になってからも、この関係は変わらず、私専用のテゴと化していました。まあ、いうなれば家来のような感じです。私の言うことはなんでも聞きますし、殴られ、蹴られ、罵られ、いま考えると少々かわいそうですが、しかたありません。そこに愛はなかったのですから、

駅前の家で奇妙な共棲《きょうせい》関係は五、六年続いたと思います。身体の関係もごくまれにありましたが、主従関係です。普段は長距離トラックに乗せて働いてもらいました。長距離に乗せた理由は帰ってくるとうっとうしいことと、稼ぎがいいからです。彼が働いたお金は私が吸い上げていました。

私の日常は、どう過ごしていたかというと、菱《ひし》や稲川▼75、近藤組など、よその組の人間とつるんでケンカしたり、遊んだりしていました。たまに話が来るとキリトリや恐喝も

していましたが、あまりお金にはなりませんでした。おもしろいのはヤクザを辞めてもヤクザのときと交友関係は変わらないし、むしろ新たな知り合いは増えていました。

もっとも、杉野組の面々も普通に遊びに来ていました。ヤクザの現役時代と違うのは事務所に行く必要がなく、自分の家があり、よその組の人間ともつるむというだけの違いです。ただ、現役のころと生活は変わらず、歳月とともに杉野組との関係は薄れつつ、よその組織との交流が深くなったといえるかもしれません。

彼氏と別れるときは「もう、出ていって」というひと言でした。このときは、男が面倒くさくなっていて、同じ屋根の下に住めなくなっていました。男も私といればヤクザの上下関係がいつまでも続き、殴られ、蹴られしますから、いやだったと思います。この子は北海道の人間でしたから、岐阜には友だちがいませんでした。私を介して人脈を広げましたから、もう、いい加減、別れても行き先に困らないだろうとも思ったのです。

事故物件から引っ越す

少し話が逸《そ》れますが、この部屋に住むようになって、金縛りにあうようになりました。私はシャブのせいだと考え、あまり気にもしませんでしたが、お隣さんに引っ越しがあって挨拶に来ると、その夕方には荷物をまとめて出ていくということが続けて起こりました。

どうもただごとではないので、遊びに来る人間や知り合いに、この建物の噂を聞いて情報収集をしました。その結果、隣の部屋に住んでいた女性が火事で死んでおり、いわくつきの事故物件であることがわかったのです。幽霊は怖くないのですが、金縛りは面倒ですし、薄気味悪いので引っ越すことにしました。

引っ越し先は融通の利く不動産店のすすめで、北一色《きたいっしき》というところに借りました。新しい部屋は2LDKで、心機一転、生きていこうと思ったのですが、相変わらず、さまざまな組のヤクザの訪問を受けることは変わりませんでした。

新居に移ってからも追い出した男からたびたび電話があり、カネの無心をされました。五千円、一万円は、あげたつもりで貸していました。ところが、後日、とんでもないことが判明したのです。

この男は要領のいい子だったので、私の母親を丸め込んで実家から二百五十万円を引き出していることがわかりました。それも「まこには内緒で」という但し書きつきだったそうです。さらに、蓋を開けると、サラ金の借金も母親が肩代わりしていたのです。

このときばかりは、うちの親を紹介しなければよかったと悔やみました。母親から私に苦情も来ましたが、私が知らないところで勝手に貸しているのですから、ケツを持てません。

もちろん、この事実を知ったときは男に電話をかけ、「テメー、この野郎。勝手に人の親からカネを借りんな。倍にして返せよ」と最大限の罵り言葉を浴びせました。

このとき、つるんでいたヤクザが、たまたま電話の話を聞いており、「まこちゃん、そいつ、ムカつくなあ」とボソッと言いました。それほど甲斐性《かいしょう》のない、残念な男でした。

女ヤクザ、母親になる

若いころに住まわせてもらった「かずや」は相変わらずヤクザとポン中のたまり場でした。ここのご主人は変わった方で、朝まで店番をして、変なヤクザ者とかが入店したら猛烈な勢いで追い出しにかかっていました。ですから、まあ、お客さんがヤクザばかりといっても、お店には、ある程度の秩序があったのです。

この「かずや」の女将さんが若いころからいろいろなヤクザを紹介してくれたおかげで、私のヤクザ人脈が構成されました。

あるとき、木下《きのした》さんというポン中を紹介され、仲よくなりました。私のシノギもポンでしたから、利害関係も生じます。この木下さんが開いた食事会で、のちに結婚する主人と知り合ったのです。

食事会の場で主人と意気投合し、仲よくなりましたが、そのときの主人は保釈中で女もいました。ですが、たまに誘われ、飲みに行くようになってから三カ月ほどたつと、自然におつきあいするようになったのです。そして、私のヤサである北一色の家にも出入りするようになっていきました。

半年くらいつきあったとき、意図しないことでしたが、私のお腹に子どもができました。さらに、このタイミングで保釈中の主人が収監されました。容疑は公文書偽造でした。私は正式な妻ではないので、留置所での面談すらできないのです。主人が逮捕され、拘置所にいるときも、刑務所に赤落ちしたあとも、いったいどこにいるのか、しばらくのあいだ、知るよしもありませんでした。

とはいえ、主人が懲役に行く段階で、私は「この人とは別れよう」と心に決めました。ですから、数カ月して主人から手紙が来ても、薄情かもしれませんが、返事を出すこともしなかったのです。

子どもがお腹にできて、自分でもビックリする変化が起きました。女ヤクザとして数々の修羅場をくぐり、シャブをやって、ケンカ上等だった私が母性というものに目覚めたのです。暇さえあれば、お腹に手をやり、「早く生まれてこないかな」と考えるようになりました。

そして、「よし、子どもができたんだから、シャブもケンカもやめだ。悪いことからはすべて足を洗って、残りの人生は真面目に生きていこう」と心のなかで（勝手に）決意していました。本当に、このタイミングでケンカはやめましたし、ケンカのもととなる盛り場への出入りやヤクザのアジトの訪問はしなくなりました。

というのも、私がヤクザになるきっかけとなり、執行猶予三年をもらった事件と、友だちのアヤが妊娠中にケンカ相手の女からお腹を蹴られた事件が私の脳裏に何度も浮かんだからです。あのときもアヤのお腹が大きくなければ、私はそこまで激怒しなかったと思います。ですから、あの事件は戒めなんだ、私はお腹の子のためにもケンカはできないと、何度も思い返しては自戒していたのです。

こうして、ヤクザ、ケンカ上等、ポン中の人生は、齢《よわい》三十にして、ようやく転機を迎え、真面目な日々を送るようになったのです。そうすると、母親とはありがたいものです。母にしても初孫ですから、相当にうれしかったようで、毎日、私の家に来て、かゆいところにも手が届く親身な手助けをしてくれます。

何より、わが娘が男まさりのケンカ上等生活から足を洗ったというオマケも母親的に

第6章

アウトローだって恋したい

はうれしかったようです。そんな生活を続けていたら、いつ刺されたり、撃たれたりするかわかりません。子を思う親心――私も親になって初めて知りました。

母親は暇を見つけては家に来てくれますし、さまざまな生活の援助もしてくれました。ですから、私はこの時期、それまでとは一八〇度違った平穏な毎日を過ごしていました。

母が頻繁に来てくれる理由は、あの厳しかった、私にとっては恐怖の代名詞だった父が五十六歳で他界していたからでしょう。私が杉野組に在籍していた時分のことです。

余談ですが、父が亡くなった時刻、私が愛用していたゴルフクラブがポッキリ折れたのです。「これは何かあったのでは……」と同輩と話していた直後に、私の携帯が鳴りました。あまりに不思議な出来事でしたから、いまでもこの日のことはハッキリ覚えています。

父の葬儀は若い子に葬儀場まで送ってもらい、通夜と葬儀は母や弟と一緒にお弔いをしましたが、葬儀が終わると、また任侠の世界の日常に戻っていました。

父と最後に会ったのは父の職場、県庁でした。そのときは自分専用にレンコン式[▼76]のコルト三十八口径（の拳銃）が欲しくて十年ぶりに父に会い、七十万円のお金を手渡しで借りました。父は「このカネを何に使うのか」とか別にくわしく詮索せず、黙って銀行の封筒に入ったカネを渡してくれたのです。これが、私が父と会った最後の機会でした。

中学校を卒業して、父が（私のせいで）泣いたことがあります。そのときは「へっ、男のくせに涙なんか見せやがって」くらいにしか思いませんでしたが、いざ父が鬼籍に入ると、「さんざん迷惑かけて悪かったな。親として娘の私を心配してくれたんだろうな。だから、二度と迎えに来ないと言った少年院にも、二度も迎えに来てくれたのだろう」と反省し、少し目頭が熱くなったものです。

三十年ほどの人生を振り返ると、子どものころは父のスパルタ教育に抑圧され、中学校以降は不良の道に入ってケンカ三昧だったけれど、子どもがお腹にいるときは生まれて初めて平穏な日々、平和な日々を過ごしました。

母親と一緒に過ごす時間も過去の埋め合わせをしても余るほどでした。それほど毎日来てくれますし、身重の私を心配して何日も泊まってくれました。母親と過ごすときは悪《あ》しき日々を過ごした過去の出来事には触れず、普通の親子の会話をしていました。そして、昔では考えられないことですが、買い物にも母と一緒に出かける機会が増えたのです。

ただ、ヤクザをやっていた私の目から見ても、母はムダなものを買って散財していました。もっとも、私の母は人生でお金に苦労したことがない人ですから、しかたないなと思いながら、口にはしませんでしたが。

わが子との穏やかな日々

私が三十一歳になる年、一九九六（平成八）年七月十四日、無事に長男を出産しました。母親なら誰しもそう思うものなのでしょうが、そのときの感想は「超かわいい」のひと言に尽きます。この出産では、お母さんだけがそばについていてくれました。

それからは母親として真面目に一直線です。まあ、不良のときも不良することに一所懸命でしたから、私は何ごとにも専念する性格なのかもしれません。ですから、昔の仲間や悪い人たちとは距離を置き、連絡は「しないし、受けない」を徹底していました。

いま、子どもが生まれた当時を思い返しても、そのときの気持ちをハッキリ覚えています。「この子が助かるのなら、喜んで命を差し出します」というくらい、私にとって、わが子は大事な存在でした。子どもとは、こんなにもかわいいものかと、あらためて思いました。

そうすると、自分の青少年時代を思い、父母の涙を思い、「両親もきっとそうだったんだな。心配かけて悪いことしたな」という反省の気持ちで胸のなかがいっぱいになります。母親は初孫がよほどかわいいのか、ガラケー▼77で写真ばかり撮っていました。楽しそうな母を見ると、「まあ、紆《う》余《よ》曲折《きょくせつ》あったけど、結果的に母親にも恩返しできたな」とも思い、反省の傍ら、ちょっと安堵《あんど》したりしていました。

子どもが生まれて一年間は北一色の家にいました。私が距離を置いていたからかもしれませんが、子どもが生まれる前後、とくに昔の悪友が訪ねてきたりして悩まされることはなかったと思います（悪い人が来ると、母が怖がりますので）。

そのうち、子どもが一歳になったとき、子どもの父親が懲役を終えてシャバに戻ってきました。彼は早々に私に電話をかけてきました。「会いたい」と言うので、北一色の家近くのヒーロというファミリーレストランで会いました。そのとき、子どもは母に見てもらい、父親と会うときは連れていきませんでした。

彼には「子どもが生まれた」ということだけは伝えましたが、一緒に生活するという方向で話はせずに別れました。理由は主人がヤクザの現役の親分だったからにほかなりません。

その面談から数日後に愛知県春日井《かすがい》市に引っ越しました。これは子どものためと自分のためです。子どもには汚れを知らぬ環境で成長してほしかったですし、私もシャブや暴力のない環境で真面目な日々を過ごしたいという思いがありました。

新天地の場所は春日井でも人気の幼稚園がある町内に決めました。新居には母親が連日のように来てくれます。引っ越し先の春日井は、私が中一のときに購入した多治見の実家から距離的にかなり近かったのです。おかげで私は子育てに専念することができました。

この時期は私の人生のなかでも時間が止まっているような期間でした。来る日も来る日も同じようなルーティンで、とくに大きな出来事はなかったと思います。

子どもが三歳を過ぎたころから、徐々に習いごとに通わせるようになり、日常に変化が出てきました。子どもには劇団ひまわり名古屋アクターズスクールのダンス、英語、ピアノ教室に通わせ、最終的には一週間のほとんどを習いごとで埋めてしまいました。幼稚園の年長組になると、町内体育館で行われていた空手教室に親子で参加するほどでした。

劇団ひまわりでは当時の愛知では名前が知られていた「ステーキのあさくま」の奥さんと仲よしになりました。はじめは息子と同期のたんなるママ友として、お茶したり、ランチに行ったりと、普通のつきあいをしていましたが、ある日、自宅に贈り物をいただき、「あさくま」の女将と知ったのです。

もっとも、この奥さん以外にも幼稚園でママ友つきあいの輪は広がり、私の墨はバレていましたが、みなさん気にせず仲よくしてくれました。

当初、私としては「こんな普通の奥さんたちとおつきあいして大丈夫かな。うまくやっていけるだろうか」という不安はありました。なんといっても、県内では人気のある幼稚園でしたから、ママ友のレベルが高いのです。しかし、結果は「案ずるより産むが易し」でした。子どもも私も幼稚園ではなじんでおり、楽しく通学できました。

第6章

アウトローだって恋したい

当時、私は仕事をしていませんでした。現役時代、自分のシノギで貯《た》めたお金と母の支援で生活していました。時代はパソコンが普及してきた一九九〇年代の終盤。もうすぐ二十一世紀です。

一九九八（平成十）年だったと思いますが、今後のキャリアを考えて自主的にパソコン教室の門をたたきました。当時はトンカチ頭のパソコン（デスクトップ・パソコン）しか買えませんでしたが、慣れない手つきでキーボードをたたいていました。このとき、新たなことに挑戦したいと思った自分にビックリしました。子どもが生まれてからというもの、それほど平穏な四年間を過ごしていたのです。

第7章

「母親」から「姐さん」へ

ヤクザ夫との再会で姐さんに

息子が幼稚園に入園して最後の年、年長組になったとき、岐阜の元レディースのアタマをやっていた子から、たびたび連絡がありました。なんでも「父ちゃんが子どもに会いたいと言っています」とハトを飛ばして[78]きました。子どもが大きくなっていましたので、私も「わかった。じゃ、日時と場所を決めてくれる？」と伝え、数日後に昔なじみの「かずや」に母子で向かったのです。

主人は息子を見るなり怖い顔をほころばせ、子どもをハグしたりと大喜びでした。息子は怖いオジサンにされるがままで固まっていましたが、私が普通に話していますから、安心していたようです。結局、この日を境にズルズルです。主人は春日井の家にも来るようになりました。

再会した主人はシングルになっており、「私とヨリを戻して子どもと一緒に暮らしたい」と言うのです。私は少し考えましたが、それが自然ですし、彼が子どもに接している姿を見ていたら、やはり父親なんだなと妙に納得してしまい、もう一度、男との生活にチャレンジすることに決めました。

子どもが小学校に上がるタイミングで岐阜の主人の事務所兼住居に引っ越したときに、子どもには「このオジサンが、あなたのお父さんだよ。いままでは、ちょっと大人の事情があり、別々に生活していたんだけど……」と言うと、「本当のお父さんに会えてよかった」とばかり、あっけなく受け入れてくれました（このときのことを息子は覚えており、後年、父に会えてよかったと言っていました）。

それほど主人は父親を自覚して子どもには愛情を注いでくれていましたから、その気持ちが子どもにも伝わったのと、やはり血は争えないのでしょう。私の心配をよそに、子どもは主人のことを「オジサン」と呼んでいたのを、すぐに「お父さん」と呼び出したのです。もちろん、主人は大喜びです。子どもの前では持ち前の怖い顔が隠れてしまうほど満面の笑みでした。

この主人について少し触れると、一九五一（昭和二十六）年生まれで、一九六六（昭和四十一）年生まれの私より十五歳年上です。九州は熊本で生まれ、どういういきさつでヤクザになったかはわかりませんし、岐阜に来た背景も聞いていません。ただ、最初は山口組系足立会《あだちかい》の若い衆だったそうです。

懲役を終えて岐阜に戻ると足立会は解散していたので、山口組の二次団体・倉本組《くらもとぐみ》の▼79枝・貴広会《たかひろかい》に属し、（若中）頭《かしら》補佐兼ブロック長の役職にありました。九州人のヤクザだったからでしょうか。もともと寡黙な人でしたし、あまりくわしいことは面倒くさいので、私からは詮索していません。

子どもは進学して、いったんは春日井の丸田《まるた》小学校に入学しましたが、一学期を終えるころには岐阜に引っ越すことになり、転校することになったのです。引っ越し先は岐南町です。夫婦で暮らす新居は、賃貸マンション二階の3LDKでした。私たちは二階に住み、一階にはN組の組事務所が入っていました。新生活のスタートは上々だったと思います。

戸惑ったのは、主人が親分ですので、今回は私が若中というわけにはいきません。親分の妻ですから、姐さんという役割になります。これには少々面食らい、最初のころは何をしていいのか戸惑ったものです。若い衆が十〜二十人ほどいましたか。彼らの食事を時々つくり、主人の面倒を見て、買い物や掃除、洗濯です（部屋住みの若い衆はいませんでした）。

なんだか姐さんと呼ばれながら、昔の部屋住みに戻ったような気もしました。知り合いからは「まこさんもヤクザから姐さんになりましたね」と言われる始末。まったく同じヤクザ業界にいて、岐阜に戻ってからというもの、しばらくのあいだは、なんとも複雑な気持ちでした。

姐さんと実業家、二つの顔

ただ、私は、「姐さん」とはいえ、数カ月もすると、さまざまな顔を持つようになりました。もっとも、ヤクザの姐さんになってからも、子ども優先の生活は変わりません。母は新居に手伝いに来ていましたが、周りにいる人が、どれもこれも柄が悪い人ばかりだったことがいやだったようです。徐々に足が遠のき、春日井のときのように頻繁に来ることはなくなっていました。

私が岐阜に帰ってきたことは、すぐに昔なじみに知れ渡り、かつての仲間が寄ってきます。だから、悪の道に戻るのは簡単でした。再びケンカしたり、恐喝したりもしました。まだ三十代の私は体力も気力も十分ですから、現役時代のカンは六年のブランクなどなかったかのように一瞬で取り戻せました。若い衆の予備軍である暴走族の面倒もN組として私が見ていました。

ただ、そうした生活をする一方で、じつは子どものためにカタギになって真面目に働こうとしたことがあります。専門学校に通い、介護二級と医療簿記の資格を取りました。とにかく何か手に職をつけようと思ったからです。

取得した二つの資格を生かせるのは介護施設を併設した病院と考え、千手堂《せんじゅどう》病院という大きな病院で働きました（電車通勤も人生で初めて経験しました）。ここの試用期間は七カ月あり、試用期間後に健康診断で問題がなければ本採用となります。この健康診断を待たず、彫り物がバレて解雇。ほかの病院でも健康診断でバレて不採用となりました。そう、若いときは自分を守ってくれた彫り物が、ここで災いしたのです。

そのときは墨がバレても真面目に勤めれば雇ってくれると軽く考えていましたが、結果は非情なもので、「今回はご縁がありませんでした」うんぬんと書かれた一通の封書が届いて、さようならでした。

介護でも同様に「入浴介助」で八分袖の墨がバレて主任に呼ばれました。そこでは口頭で「刺青《いれずみ》が入っている人は、うちでは雇えない。辞めてくれ」と、お払い箱です。カタギになろうとあがきましたが、墨が入った身はどうにもなりません。だから、自分で商売をすることにしたのです。

岐阜に引っ越し、N組の姐さんとなって一年ほどたってから、思い切って商売を始めました。最初は中国式エステです。これは古巣の杉野組が経営していたものを私が取り上げたようなものです。

このエステがある物件は店ができたらすぐにつぶれるいわくつきの不動産でしたから、杉野組も腰が引けて「ヤバい、ヤバい」と言っていました。そこで「そんなにヤバいのなら、うちがやってやるよ」という流れで始めたのです。とはいえ、私がマッサージをするのではなく、毎日一回、夜になると集金にだけ行っていました。

料金は、Aコース一万三千円~Cコース一万八千円という具合で、すべてにシモ（下半身）のサービスがセットです。金額に応じて、エステの内容とサービスが充実するというものでした。ただ、残念なことに、女の子がブスでポッチャリが多かったので、思ったほどは儲からず、利益としては月に二十万円くらいだったと思います。

ここで集めたカネはたんす預金にしていましたが、これを元手に闇金をして増やしていたのです。ここは夫婦のチームプレーです。おかげで、ベンツやアルフォードを購入し、私もいい思いができたというわけなんです。

風営法違反で逮捕

ただ、この中国式エステは知り合いの警察官からガサ入れを食らいました。店長から「姐さん、ガサが入っています。どうしましょう」という電話がありました。店長に刑事と電話を代わってもらったところ、相手が「どっかで聞いた声やな。今回は許したる。もうやるなよ」と、くぎを刺されました。シモのサービスがバレたようです。

そのときは神妙に電話を切りましたが、この私の性格です。その日はガサと同時に店を閉めましたが、警察の脅しなどヘッチャラで、翌日から通常営業していました。

これにはさすがに警察も頭にきたようで、一カ月後に再度ガサが入り、今回は家にもガサを入れられました。そして逮捕ということになったのです。容疑は風俗営業法違反。岐阜中警察署の留置場に二十日間入れられることになりました。

現役時代の弁護士さんに頼んで、なんとか起訴猶予を勝ち取りましたが、罰金刑は免れず、私が五十万円、店長が三十万円を支払いました。この弁護士さんはやり手でしたから、弁護料はひとりにつき四十万円、合計八十万円を払った記憶があります。まあ、おかげで再びクサい飯を食う羽目にはなりませんでしたが。

結局、杉野組から取り上げた中国式エステは二年ほどで撤退を余儀なくされたのです。やはり因縁の場所だったのかもしれません。

中国式エステの立ち上げと並行して有限会社も立ち上げていました。この会社では、いろいろな事業をしていました。いま思い返すと、かなり忙しい日々だった記憶があります。なんと税理士の指導のもと、自分で確定申告までしていたほどです。

最初が水の販売です。コスモ21という会社がありましたので、そこと提携してミネラルウォーターの製造と販売を始めたのです。水のもとは水道水です。これをコスモ21が開発した特殊な濾過《ろか》装置でこしてミネラルウォーターにします。そうしてこしらえた水をオフィスなどに置いてある給水機用のボトルに詰め替え、車で配達もしていました。

いまでも覚えていますが、水は夏場が売れるのです。一本や二本の配達は苦になりませんが、エレベーターなしの五階にあるオフィスから十本の注文など受けると、一回に二本ずつ手に持って階段の上り下りを五往復しないといけません。さすがの私も汗だくになり、足がガクガクになった経験があります。

次は近所の岐南町でデリヘルもやりました。岐阜という土地柄はデリヘルの軒数が多く、各店がしのぎを削っていましたので、やってみると、あまり儲かりません。カード決済可にしたらお客さんが来るかしらと思い、カード端末も導入しましたが、それでもいけません。

私からしたら、若いときに儲かった「キャンディーズ」のイメージがありましたが、時代は携帯もパソコンも普及してきていましたので、アナログな情報発信では他店に太刀打ちできなくなっていたのです。

そこで、業者に頼んでホームページもつくり、「しゃぶっていいとも」というサイトを立ち上げ、中国式エステの女の子にかけ持ちで対応してもらっていました。電話が入ると私が受け、車でエステに女の子を迎えに行き、お客さんの待つホテルなりに届けるという方法です。

中国式エステが風営法違反でパクられて数カ月ほどたったころに、「しゃぶっていいとも」の住所を管区とする羽島署から電話があり、「風営法違反で逮捕された人間に風俗営業はさせられない。名義を変えて営業するなら許可する」という通達がありました。

名前を変えてみると、以前に増してお客さんの予約が入らなくなったことを覚えています。さらに、この商売はネットの広告代が高くて、なかなか採算が取れませんから、三年ほどで撤退しました。

私が立ち上げた有限会社には、中国式エステ、デリヘル「しゃぶっていいとも」、コスモ21と提携した水の販売がありました。このうち、中国式エステにガサが入ってつぶれ、デリヘル「しゃぶっていいとも」は名義変更して店名を変えたら閑古鳥が鳴いていましたので、店を畳むことにしました。

水の商売も、誰が言い出したかわかりませんが、「水と一緒にシャブを運んでいる」というよからぬ噂が立ったので、デリヘルを閉店した半年後に撤退することにしました。

当時、私の有限会社は笠松に物件を借りて事務所にしていました。ある日、この事務所に行ったところ、玄関の鍵が開いており、事務所が荒らされています。車庫に入れていた車も運転席側の窓ガラスが割れ、車内が物色された形跡がありました。これは、おそらく私がシャブを持っていると考えた泥棒のシャブ欲しさの犯行だと思います。

この建物は、一階はテナント用賃貸で、喫茶店などが営業していました。そこで、シャブ屋の汚名をそそぐため、空いているテナント用の場所を借り、居酒屋を始めることにしました。始めるからには私が料理するわけにはいかないので、おなじみの「かずや」に頼んでプロの料理人に来てもらうことにしました。女の子は、まあまあ見られる容姿の子を置きました。彼女は、うちの組の若い衆の女です。

今度ばかりは商売が順調に運ぶかと思えたのですが、またまた問題です。やはり知人や友人のコネを活用した紹介人材はいけません。料理人は腕はいいのですが、食材を横流ししていたようで、棚卸しのときにいつも数が合いません。

女の子は売上金をちょろまかすくせがありました。さらに、ポン中というオマケつきだったのです。「こりゃ、やればやるほど損するわ」と腹が立った私は有限会社最後の居酒屋も、きっぱり廃業することにしたのです。

結局、シャブ屋が儲かる理由

なぜ、姐さんになった私が、こんなにシノギに精を出さないといけないかというと、主人は嫁と一緒に行動しないタイプの人でした。食事は家でしますし、飲み歩くこともなく、自分でシノギをして、子どもの相手をすることが楽しかったようです。だから、夫婦めいめいシノギです。

ただ、私が閉口したのは、主人のシノギ話は大きいものが多く、たとえば石油利権とか、太陽光などのクリーンエネルギーなど、テンプラ話▼80ばかりなのです。だから、家計と組の体裁を維持するためにも、自然に私が頑張らないといけないという流れになりました。

有限会社がどれもボツになってから、無収入の貧乏人だったかというと、そうではありません。会社を辞める決断ができたのは、ある事件がきっかけでした。

まだ有限会社を営業しているタイミングでした。組の若い衆が「姐さん、シノギがなくてカネが回らない。オレ、シャブを扱いたいんですが、近場のネタモト紹介してくれませんか？」という相談がありました。

じゃあということで、十グラムのシャブを手配してあげて若い衆に渡したところ、パケに小分けしているのですが、一週間たってもまったく売れない。「どうしたの」と尋ねると要領を得ない返事が返ってくるばかり。業を煮やした私が「返して」とシャブを取り上げ、昔の知り合いだったシャブ屋に投げると、右から左に三十万円で売れました。

私がシャブを扱うのは初めてではありません。ただ、現役のころは自分がシャブでヨレていましたから、ドンブリ勘定で、端っから利益など頭になかったのです。だから、このとき、シャブを真面目に売ってみて、あらためて「シャブって、こんなに簡単にカネになるんだ」と感動しましたし、病みつきになりました。

知り合いのシャブ屋は十グラム以下では売らないのです。そこで、私が直接、東京のシャブ屋に出向き、最低でも百グラム引いてきて、それを十グラムずつパケに分けて、八万円から九万円で売りさばきました（三十グラム以上買うお客さんには十グラム八万円、十グラムしか買わないお客さんには九万円で売っていた）。これは当時の岐阜では破格の大安売りです。当時の相場は十グラム十四万円でも良心価格といわれた時代です。

さらに、ネタを関西ではなく東京から引いていますから、「ものがいい」のです。そこは身体に入れている顧客がいちばん知るところですから、瞬く間に噂が広がり、私のシャブ屋は大盛況でした。最終的には客が客を呼び、百グラム程度じゃ回らなくなり、キロ単位で商売をしたものです。

このシャブのゴールド・ラッシュを経験すると、薄利で表の有限会社を切り盛りすることなどバカらしくなってきます。シャブの取り引き一回でカタギの仕事一カ月分の数倍になる利益が上がるのです。「会社なんか、もうやめよう。これからは、シャブ一本でやろう」と考えたのも不思議はないと思います。

シャブで厄介だったのはパケ分けです。これはスケールで正確に量り、十グラムずつパケ分けする作業が面倒ですが、それでも一時間ほどで終わります。コストと利益を考えたら断然効率的でした。このシャブのシノギは後年、主人と別れるまで続きました。

夫婦ゲンカで警察が出動

四十歳になろうかというころに二人目の子を出産しました。不公平かもしれませんが、二人目は長男とは違って、いい加減に育てたと思います（これは、よその家でも同じじゃないでしょうか）。少なくとも猫っかわいがりはしていません。しかし、主人からしたら孫みたいな存在だったようで、私が放任している分を補って余るほどのかわいがりようでした。

私的に次男はほったらかしで育てましたが、主人に加えて長男がよく面倒を見てくれていました。おむつ替えなども長男が率先してやってくれるのです。当時、一家の稼ぎ頭はシャブ屋の私でしたので、長男の協力はとても助かりました。このころの日常は朝六時に起きて食事をつくり、子どもを学校に送り出したら私はシノギ。次男は主人が自分のシノギの合間に家で面倒を見るというパターンでした。

第7章

「母親」から「姐さん」へ

そういえば、主人が私のスパルタ教育法に否定的でしたので、長男が小学校一年になったころから春日井に住んでいたときのような習いごとはさせていません。塾さえ通わせなかったと思います。長男の八つ下の次男は主人と一緒になって生まれていますから、そもそもスパルタの「ス」の字も経験していませんでした。ただ、長男には小学校五年からキックボクシングをやらせました。これは幼稚園時代にやった空手の延長です。

主人はヤクザのくせに非常に真面目な日々を過ごしていました。夜遊びもしませんし、外に女をつくったりすることもなく、浮気もしません。基本的に夜は家にいました。

ただ、月に二回、奈良にあった倉本組の本部当番に行っていました。このときは、こちらでは親分で威張っていても、本部に行けば、朝の十時から夜の十時までは身体を取られます。早朝六時くらいに主人を送り出すと、少しホッとします。なぜなら、主人がいないと若い衆が出入りしないからです。

普段なら彼らが来たときには食事をつくってあげないといけませんし、洗濯や子どもの世話もありますから、早起きしないといけません。主人は「あれ取って、これ取って」と言うばかりで自分が動きませんから、私がその分、動かないといけないのです。

ひとつ主人をほめるとしたら、たまに料理をつくってくれたことです。ですから、一般家庭のもめごと、つまり浮気、ギャンブル、酒などでケンカになるようなことはありませんでした。とはいえ、狭い屋根の下に長年一緒に暮らしていますと、浮気やギャンブルがなくてもケンカするものです。夫婦ゲンカは、いまの家に引っ越してから激しくなったように思います。

当時、私たちが住んでいたマンションで数年過ごしたある日、暴力団の事務所目的で物件を使うのなら継続して部屋を貸せないということになり、追い出されました。そのとき、現在の家に移ってきたのです。

困ったのは電話です。もう携帯の時代でしたから、わざわざ固定電話を契約して新たに引くのも面倒でした。そこで、テンプラ事務所[81]でいいんじゃないかというわけで、実家の電話番号にしていました。すると、母と住んでいる弟が「うちの母がヤクザの組員になるじゃないか」と怒り心頭でした。

この電話は転送にしてあり、かかってきた電話を取るのはN組の若い衆です。相手はN組の事務所と思って電話していますので[82]、弟の指摘はもっともかもしれません。最終的に、実家に電話が入ったら、すべて組の人間の携帯に転送するようにして一件落着となりました。

そういえば、主人とケンカするようになったのは、この家に越してきたころからでした。私が四十代半ば、主人が還暦になるかならないかのころです。ケンカといっても、主人が私に対して大声を出すとかではなく、主に私が暴れていたのです。原因は何かと言われても、もう覚えていませんから、たいしたことじゃなかったと思います。

ただ、間違いないのは、手が出るのは私で、主人に反撃されます。包丁を投げたこともありました。すると、さすがに怖かったのでしょう。下の子は小学校低学年でしたが、警察に電話して警察官が止めに来たこともあります。次男から見たら、男の主人が被害者なのです。私が子どもを叱ると主人がとがめます。すると、矛先が主人に移ってケンカになるというような図だったと思います。

覚せい剤よりヤバい眠剤中毒

これは、いまでは反省していますが、当時、眠剤にハマってしまいました。主人が本部当番の日は朝早く起きないといけません。奈良行きのとき、主人が朝六時に家を出ますから、四時半には起きて用意をしないといけないのです。

だいたいが夜型人間だった私が早く寝るには眠剤の力を借りるのがいちばんです。四十代半ばだったと思いますが、睡眠薬のアモバンを服用すると気持ちよく寝られましたのでドハマリしてしまい、徐々に服用錠数が増えていきました。最後は眠剤を一日でワンシート（十錠）くらいを空にしていました。

エリミン、ベゲタミンなんかも服用しました。こうした薬を飲むと、服用を中断すると三、四日は眠れなくなってしまいます。その不眠が原因で意識がトブんです。何をしたか、言ったかを覚えていない、ひどいレベルです。主人もビックリして、「眠剤でこんなになるとは思わんかった。あんときのお前はポン中以上にトンでいたぞ」と、のちに回想していました。

この眠剤を、しまいには連日、昼夜問わず服用しましたから、中毒になったようです。なぜ、それほど眠剤が手に入っていたかというと、裏じゃないんです。ちゃんと正規の病院で処方してもらっていました。

この病院は現役ヤクザ時代から行きつけでしたので、頼めばなんでもホイホイ処方してくれていました。私もサービスのつもりで、いろいろなヤクザ者を紹介しますから、ヤクザがこぞってその病院の門をたたきます。そのおかげかどうかわかりませんが、院長が新築で家を建てたと聞きました。

当時は、こういう体《てい》たらくですから、まだ続けていたシャブのバイでは、お客さんにこの家まで取りに来てもらっていました。万一、シャブを運んでいる車が交通事故なんかにあうとたまったものではありませんから。そこまで十分に気をつけていたつもりですが、この家もガサに入られました。

結局、四十八歳前後で、眠剤がもとで強制入院する羽目になりました。眠剤でトブのはシャブと違って逮捕されませんから、日ごとに分量がエスカレートしていきます。連日、エリミン、ベゲタミンをワンシートくらい空けていたほどです。

あるとき、気がついたら手足の自由が利きません。どうやらベッドに縛られているようです。このときは暴れすぎて救急搬送され、個室に強制入院となったカタ悪い人でした。この事件以降、さすがに眠剤はやめました。

公務執行妨害で再び逮捕

この事件は私が五十歳になったばかりの時分だったと記憶しています。神戸《こうべ》刑務所に収監されていた親友クニちゃんの弟の肝臓がんが悪化し、刑の執行停止で病院に入院していました。お見舞いに行こうと準備をして玄関から出たところで「西村あー」と大声を上げた警察官に取り押さえられました。

「くそっ、容疑はなんだよ」と言うと、「覚せい剤や。お前がいちばんわかってるだろうが」と言うものですから、キッチンに逃げ、包丁を持って暴れたところ、五、六人のポリに制圧され、電話も没収されたうえに、「公務執行妨害」もオマケについて逮捕。

そのまま車に乗せられて岐阜中警察署に連れていかれました。

私がいなくなった家には複数の警察官が踏み込み、家中をガサしたと、のちに子どもから聞きました。そのときは主人が落ち着き払って立ち会いをしたそうです。このガサでシャブそのものは出てきていませんから、証拠が挙がりませんでしたが、大量の送り状が出てきました（送り主は偽名で送っていた）。

この事件は地元の新聞に「西村まこ、覚せい剤探索中のところ、公務執行妨害で逮捕」というような見出しで載りました。これを読んだ知り合いが何グラム持っていたから捕まったとかなんとか、まあ、さまざまな噂が流れたようです。実際は家に隠すようなヘマはしていませんでしたから、ガサでも出てきませんでした。

証拠のシャブが出ないとなると、争点は公務執行妨害になります。「なぜ、包丁を振り回したのか」と検事から尋ねられましたので、私は「包丁を手に取ったのは自分で自殺を考えたからだ」と言いました。

これには反論できないようでしたし、そもそも覚せい剤所持か営利目的有償譲渡の件で逮捕し、起訴する予定だったからか、十日でパイになりました。ただ、検事から「次回も同じことをしたら、通用しないからね」と念押しされましたが。

このときは警察車両で自宅まで送ってくれました。玄関を開けた私を見て主人は少しビックリしたような顔をしましたが、「おう、帰ってきたか」とだけ言い、お茶をいれてくれました。

この事件後もシャブ屋は続けます。逮捕されたとき、財布に百六十万円のカネが入っていました。右から左でつくった百六十万円です。おいしいシノギだったから、そう簡単にはやめられません。少しのあいだは静かにしていましたが、一カ月もすると商売を再開しました。

私はお客さんを選んでいたので、今回の件がチンコロとは考えていませんでした。もしかしたら岐阜のアングラでは有名だった「セブンの裏（のシャブ屋）」が、どこかでメクれたのかもしれません。ただ、ガサで送り状が大量に出てきたことは、ヤバいことを学習できたと反省し、事件以降は東京まで自分で受け取りに行くようにしました。

第7章

「母親」から「姐さん」へ

「本人が来たら電話ください」

この事件は「ヤバい感じ」という直感に従って、危うく難を逃れたケースです。もし、この直感が働かなければ、私は「覚せい剤営利目的有償譲渡」罪で仮釈なしの八年間を獄中で過ごさなければならなかったところです。

師走のクリスマス需要が見込める時期、東京からシャブを送ってもらう段取りで、今回は何かヤバいなあという直感がしました。これまで荷受け主を子どもの名前にするなど、さまざまな偽装をしましたが、「セブンの裏（のシャブ屋）」は、あまりにも有名になっていたからです。

そこで、このときは少々面倒でしたが、岐阜ではなく愛知県一宮《いちのみや》市の木曽川《きそがわ》の「局留め」にして取りに行きました。折しも時期は年末の繁忙期。それも昼休憩の時間帯で、窓口も混雑していました。二十分ほども待って、ようやく自分の番が回ってきました。「はい、お名前と身分証を出してください」と初老の女性に言われ、問題なく荷物受領は完了すると思いきや、「(荷物が)ない、ない」と大慌て。ようやく女性が保管倉庫から持ってきた小包を見た私は心臓が止まるほどのショックを覚えました。小包に何やら紙が挟まっているではありませんか。

女性は受取票に自分のハンコを押すことに熱中しています。ちらっと見たら、その紙は北方《きたがた》警察署（岐阜県本巣《もとす》郡北方町）の刑事の名刺でした。あとで、その名刺の裏に書いてある一文を読んだ私は背筋が凍りつくほどの戦慄を覚えました。

「本人が来たら電話ください」

しかし、運は私に味方しました。窓口のオバちゃん局員は大量の荷物の受け渡しに疲弊し、ろくに荷物を見なかったのです。私は、隙を見て挟まれていた名刺を抜き取りました。まさに危機一髪。もし若い局員が窓口対応していたら、名刺を抜き取るなどという芸当はできなかったと思います。そのときは荷物を受け取るなり猛ダッシュで帰宅し、しばらくシャブ屋商売を休業しました。

とはいえ、変な疑いをかけられたままではどうも気分が悪いので、後日、知り合いの刑事に、「こないだ、木曽川の郵便局に局留めの荷物を受け取りに行ったんだけど、北方警察署の刑事の名刺が挟んであったんだよね。何かあったのかな」と尋ねてみました。

すると、その刑事は「いや、じつは、まこさんね。匿名の人間から『西村はシャブを郵便小包で運びよる』というタレコミがあったんだよ。だからじゃないかな」と言います。タレコミの内容は間違っていませんが、そこは「ふーん。そんなんがあったの。でも、シャブじゃないからね。残念でした」と返しておきました。

このようなシノギをやっていると、どこからチンコロされるかわかったものじゃありません。ましてや私のシャブ屋は破格の安値でさばいていましたから、市内に商売敵も多かったのでしょう。この一件以来、前にも増してお客さんやシャブ商売の同輩には心を許さなくなったことは事実です。

一カ月ほど休業してから、再びシャブ屋の営業を始めました。当時、よかったのは、シャブで儲けたお金を貯金に回していたことです。子どもは学童期ですし、先々のことを考え、お金を残しておく必要性を母親として感じたからです。

そこらのシャブ屋は儲かったら、その分、派手に散財します。これではリスクを冒してシャブを売る意味がないのです。身辺に気を使うシャブ屋なんて一日も早くやめたいものです。だから、私は節約と貯金に心がけたのです。

「そんなら、いつでも戻ってこいよ」

とはいっても、毎日、ポン中相手にシャブを売ったり、パケづくりをしていたりすると、いい加減に飽きてしまいます。子どもも大きくなり、私の「パケ分け作業」を怪訝な目で見るようになりました。お金のためとはいえ、やはりシャブ屋は私の性に合いません。アラフィフのある日、「ふと、またヤクザやろっかな」と思いました。そこで、古巣の杉野組ナンバー2で、住吉会のナンバー3（当時）だったOさんに電話しました。Oさんは「おう、そんなら、いつでも戻ってこいよ」と言ってくれました。二〇一〇（平成二十二）年の初夏のことです。

翌日、久しぶりに杉野組事務所に行きました。ヤクザから足を洗って、はや二十年近い歳月が流れていますので、みんな、それぞれの年の取り方をしていました。このとき、四十代の若い衆をひとり連れて戻りました。若い衆は住むところが決まっていませんで

第7章

「母親」から「姐さん」へ

したから、自分の家に住まわせていました。しかし、この若い衆がとんでもない問題児で、困ったものだったのです。

彼は酒癖がとてつもなく悪いので、会長や組の人間に「飲ませないで」と、くぎを刺していたのですが、そんな忠告はコロリと忘れて会長が酒を飲ませます。すると、この若い衆は目が据わって虎になっちゃいます。態度も悪くなって始末に負えないので、私がボコボコにすると、会長が「また、まこが暴れている」と大騒ぎになるのです。「だから、飲ませるなと忠告したのに」と言っても、あとの祭りということが何度かありました。

いろいろ面倒なこともありましたが、ヤクザにカムバックしたとき、座布団が厚くなっていました。ですから、年末の事始め式▼83のときに、普通は一若中にはありえないことですが、住吉《すみよし》一家の本部事務所にも会長同伴でお邪魔したこともあります。そこで関《せき》功《いさお》会長とも会わせていただき、姐さんがつくった手料理などもごちそうになったものです。

会長は、いつも外に出ると私の自慢をします。関親分は「こういう人も、任侠界には重要だから」と言ってくれました。しかし、その任侠界に絶望する日は、そう遠い先のことではありませんでした。

当時、杉野組には会費制度ができていました。昔はシノいだら利益のうちからいくらか払えばよかったのですが、社会の変化でシノギが減り、カネが回っていないようでした。私はシャブを売った利益から毎月五万円を払っていました。もっとも、事務所は私のシノギをくわしくは知らなかったと思います。

組にカネがないのはしかたないです。そうであれば、組のみんなで知恵を出し合って新たなシノギを考えればいいのですが、会長も姐さんもウソをついて私からカネをむしろうとします。

「まこちゃん、電気代が払えんのよ」とか上が下に言う言葉じゃないですよ。ヤクザ以前に、いい大人がカッコ悪すぎでしょう。何より腹が立ったのは、「講[▼84]」という名目で人を集め、会長がカネを集めたら終わりというような詐欺まがいのこともしていました。

第7章

「母親」から「姐さん」へ

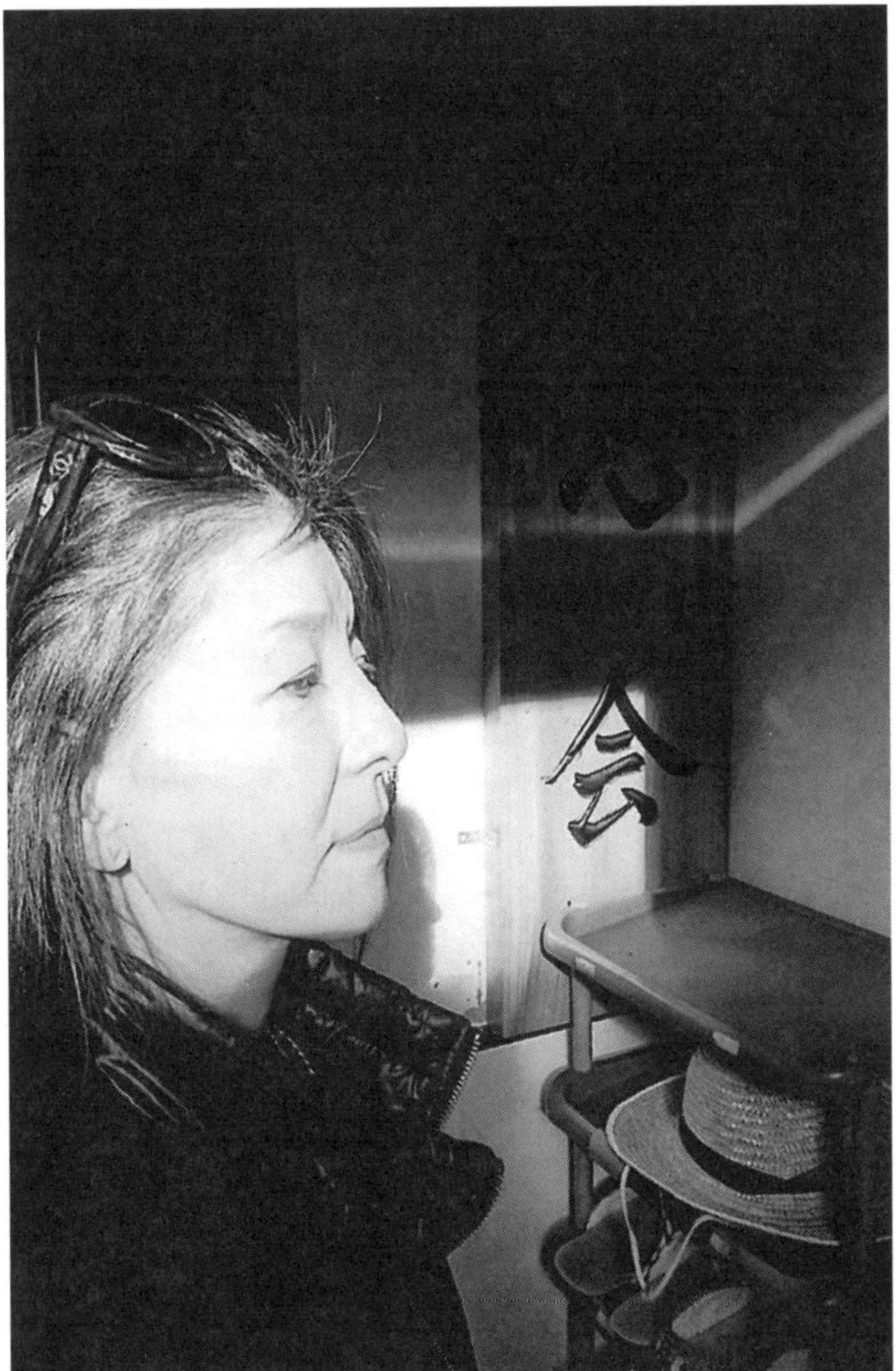

再び任侠道に戻ったときに撮った一枚。このとき、杉野組は青心会に改名していた（40代後半）

「やっとれんわ」

そして、決定的に信頼関係を崩す事件が起きたのです。杉野組に戻って二年目くらいに傷害事件に巻き込まれました。

酔ったカタギと道端でケンカしてしまいました。このときは、泥酔した相手が私に因縁をつけてきたのです。執拗《しつよう》に絡んできますから、私の堪忍袋も限界になり、気がつくと殴っていました。

すると、酔っぱらいのくせに殴り返してきて、人が集まり、乱闘騒ぎに発展してしまったのです。通報を受けた警察官に取り押さえられ、岐阜南警察署に連行され、留置場にぶち込まれました。このときは両方がケガをしていましたので、二十日ほどで釈放されました。

この拘置期間中、悪い予感がしていましたので、面会に来た人間に「会長が講やってるの知ってるかい。私のブレーン（会社経営者）には手を出さないように会長に伝えておいてくれよ」と言づけていました。

しかし、会長は鬼のいぬ間のなんとやらだったのでしょう。私のブレーンから講と称してカネを巻き上げていました。このことは千葉の青心会《せいしんかい》▼85から杉野組に送り込まれていた部屋住みのチンコロで発覚しました。金額がいくらだったかわかりませんが、後日、知り合いの社長に泣きつかれました。

この一件を知ったとき、「会長も詐欺師に落ちた」と思いました。ヤクザはやっても、シャブ屋はやっても、詐欺師をやるつもりはありません。頭に血がのぼった私は会長に電話をかけ、「おう、やっとれんわ。辞めるわ」とだけ伝えました。会長は何も聞かずに「そうか、わかった」とのみ答え、二度目のヤクザ人生の幕は早々に下りました。

会長からすると、私が事務所で暴れるから、いい厄介払いができたと思ったのでしょう。残念ですが、昔の懐が深くカッコよかった会長の面影は、このころになると影も形もありませんでした。

後日、本家に会長が私のブレーンから巻き上げた講のカネを取り立てに行くと、ガーデニングをしていた会長が私の車を目にするや、一目散に本家の建屋内に入り、ドアに鍵をかけました。ドアベルを鬼のように鳴らしますが、誰も出てきません。

しばらく待ちましたが、屋内は静まり返っていますので、とうとう足でドアを蹴り、「出てこいよ」と声を荒らげましたら、二階から水が降ってきました。もっとも、私は玄関の庇《ひさし》の内側にいますから、水がかかることはありません。不思議に思って庭に出てみますと、二階の窓から会長が顔を出しています。そして、「このキチガイ、帰れ」とわめきながら、炊飯器のお釜やビール瓶、手近にあるものをことごとく投げつけてきます。

私がスマホで動画を撮っていると、「ビデオでもなんでも勝手に撮れ」と言いつつ、引き続き二階からものが飛んできます。「会長、当たった。ケガしたから、病院行って診断書もらってくるわ」「おう、勝手にせい」。

こうしたやり取りは、すべて動画に収め、ユーチューブにアップしてやり、そのことを住吉（会）の理事長に報告すると、「会長も悪いが、まこも悪い」とだけコメントされました。私はいまでも鬼のいぬ間を幸いに泥棒猫のように私のブレーンから勝手にカネを巻き上げる会長が悪いと思っていますが。

その後、杉野組から「除籍状」が出ました。このことは菱や稲川の知り合いから「まこちゃん、杉野から除籍の状が出たよ」と聞いて知りました。

私が杉野組を辞めたら、青心会の部屋住みもついてきました。彼も泥棒猫の件で嫌気が差したみたいです。

第8章

更生への道

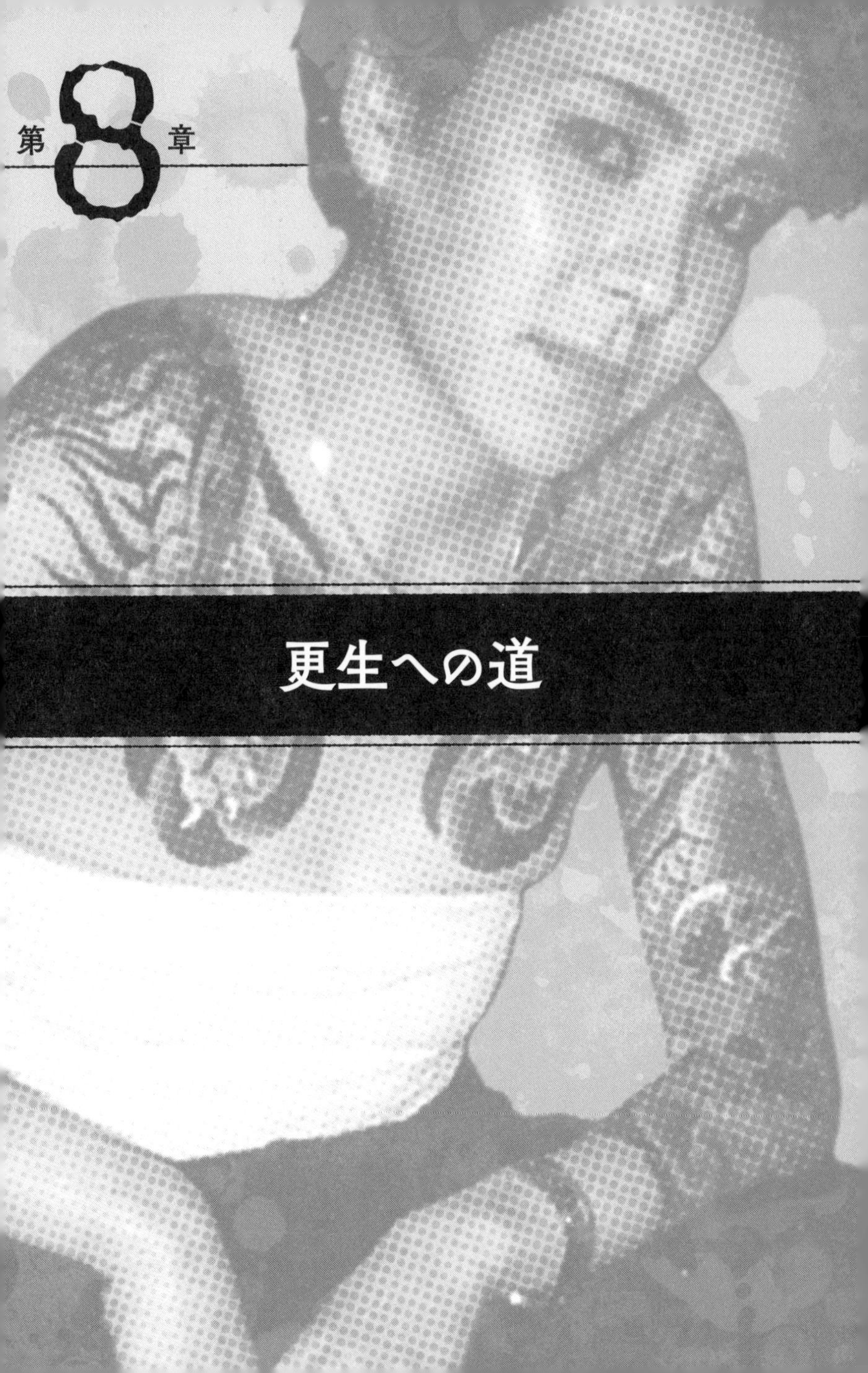

息子がプロ格闘家に

二〇一六（平成二十八）年ごろですか、わが家が危機的状況にあったと言っても過言ではありませんでした。子どもは夫婦ゲンカがヒートアップすると一一〇番通報する。主人も私が暴れるから疲れる。このような日々を送っていると、子ども、とりわけ次男にはよくないということになり、どちらからというわけではないのですが、離婚しようということになりました。

そして、次男の親権は主人になり、別々に暮らすことになったのです。次男は、よほど私たちの夫婦ゲンカがいやだったのでしょう。それ以来、電話もありませんし、口を利いてくれません。

長男は単身上京し、プロの格闘家になる道を選びました。ただ、いまになって反省しきりですが、長男の子育ては私が忌み嫌った父親同様にスパルタだったと思います。幼少時から空手をはじめ、格闘技をしていましたから、試合があります。

もし試合で負けたら、競技場の隅に長男を連れていき、「てめー、この野郎、なんであそこで反撃しなかったんだ」とか叱責し、ボコボコにしていました。それを見たほかのお母さん方から、西村君のお母さんは怖いという評判が立っていたそうです。

進学についても、苦労して高校に行かせましたが、長男は私に相談することなく勝手に高校を中退してしまいました。それを知った私は、またぞろ長男をボカスカ殴って締め上げました。私の経験に照らすと、若い子を遊ばせておくと悪さを覚えますから、あいだを置かずに知り合いのペンキ店で働かせました。

そうそう、私について杉野組を辞めた青心会の部屋住みも、このペンキ店で働いていたから、彼のケツについて、テゴから学ばせました。

長男はペンキ店で働きながらジムに通い、身体を鍛えていたようです。知らないあいだにペンキ店から足抜けしてキックボクシングジムの門をたたき、そこで修行を重ねた末に総合格闘技のプロ認定試験をパスしたようです。そして、総合格闘技の世界に入っていったと聞きました。長男も私同様にスパルタ教育が嫌いだったらしく、ここ数年は電話に出てくれません。歴史は繰り返すのでしょうか。

解体業者に再就職

主人と別れてからというもの、広い家にひとりで住み、シャブ屋で生計を立てていました。でも、このままではダメだという思いが日増しに強くなり、思い切ってシャブ屋ののれんを下ろすことにしたのです。

主人は出ていく、シャブ屋も畳むなど、二〇一七（平成二十九）年ごろは人生のターニングポイントでした。家にじっとして閉じこもっていても、お金になりませんから、解体業者に就職しました。就職といっても、十時から十五時で六時間勤務のアルバイトです。

仕事は木材のチップ工場で運び込まれた木材を木工、生木などにランク分けし、容量を記録した控えを持ち込み業者に渡したり、木材からくぎなどの金属を取り除いたりする作業。そして、木材をリフトで押し、粉砕機に入れる作業など、下回りはすべてひとりでやらされていました。これが結構、性に合っていたようで楽しかったのです。

そのうち正社員になってくれと言うので、八時から十七時のフルタイムに格上げされました。正社員といっても、体力的にも余裕でしたし、給料も月に二十七万円とまあまあだったので、仕事としてはよかったのですが、数カ月ほど勤めたころから問題が発生しました。

この職場には六十代くらいの工場長がいました。私が五十歳の前半のときでしたが、毎日、私の自宅に来ては、「食事につきあえ」と誘ってくるのです。職場でも私につきまとうようになり、あまりにウザいので、一度、大声を出したこともあります。

それでも「食事に行こう」は続きましたから、さすがに昔のように殴るわけにもいかず、上長に断って退職することを選択しました。まったく、この男のせいで、ストレスが高じて更年期障害が出てしまったほどです。

元プロボクサーに殺されかける

このタイミングでショッキングな事件が起きます。知り合いのヤクザ関係者から四十代の男を預かってほしいとお願いされました。「こいつ、行くところがないので、しばらく置いてやってください」と頼まれました。部屋はいくつも空いていますし、同業のよしみもあり、深く考えずに「いいよ」と言ったのが間違いのもとだったのです。

実際にこの男を預かってわかったのですが、元プロボクサーという体育会系のわりにはガッツがない。面接は行きますが、ことごとく不採用になります。家にゴロゴロしていますから、私としては、ただ飯を食わせるわけにはいかないので、パシリとして活用していました。もちろん、私の性格ですから、「あんた、早く仕事を見つけろよ」と、いつもケツをかいていましたが。

だいたい好きでもない男と同じ屋根の下に住むのは、おもしろいものではありません。さらに、しばらくしてわかったことですが、この男はメンヘラでした。

ある日、「おい、○○を買ってきてくんない？」と言いつけたら、反抗的な態度を示します。私としても日ごろの態度にイラついていたこともあり、「てめー、なんだよ、その態度は」と言いながら包丁で軽く刺したのです。

すると男は反撃し、つかみ合いになりました。この男に腕相撲で負けたことがない私

第8章

更生への道

は、負ける気はしませんでした。ところが、蹴りを食らわせてやろうと足を上げたところでフローリングの床でスリップし、すっ転んでしまったのです。このとき、こたつの角で胸を打ち、あばらが折れたようです。

さらに、うつぶせに転がった私に男は馬乗りになると、手近にあった腹筋ローラーで私の後頭部や背中を手加減なしで殴打します。「元」とはいえプロボクサーの力でやられたら、たまったものではありません。

気がついたら病院にいました。おそらく、よほど大きな声を上げていたのでしょう。家のすぐ横にコンビニがありますので、警察に通報したのかもしれません。最後にうっすら残る記憶のなかで、刑事が「事件――」と叫ぶ声が聞こえていました。

入院しているあいだ、いつも廊下には刑事の姿がありました。何日くらい入院したか定かではありませんが、退院する数日前になると、目を開けてものが見えるようになりました。鏡で見るとイチゴのように真っ赤な目でした。何より自分の顔を見たときのショックは想像を超えていました。顔が膨れ上がり、あざだらけになっています。「ああ、人生……終わった」と鏡から目を逸らしたほどでした。

さて、退院という日、大勢の警察官が部屋に来ました。総勢二十人ほどいたのではないでしょうか。ひとりの刑事が逮捕令状を示し、「西村、殺人未遂で逮捕な」と冷静に告げ、病床の私に手錠をかけました。パトカーに乗せられ、岐阜南署に行く通過点に私の家があったので、「日用品を取ってきたい」と言いましたが、無表情の警官が放った「ダメだ」のひと言で却下。そのまま署内の独居留置場にブチ込まれました。

ただ、幸いなことに、私は退院といってもボロ雑巾のようなありさまです。そこは警察もわかってくれ、調べも手加減してくれていたようです。

調べでは「私はいっさい手を出していない。向こう（住まわせてあげていた男）が自殺しようとして包丁を自分の腹に向けていた」という趣旨の供述をしました。

男のほうは初めての逮捕なので気が動転していたのか話が二転三転したらしく、信《しん》憑性《ぴょうせい》に難があったようです。ただ、彼の証言は「殺される前に殺そうと思った」「でも、西村さんには悪いことをした。ここを出たら慰謝料を払いたい」とも言っていましたから、少しは反省していたのかもしれません。

取り調べはスムーズに進み、勾留満期。結果、男側の傷害となり、罰金二十万円で落ち着きました。私はパイになり、二十二日で留置場を出ることができました。

間借り人の懲りない面々

この事件以降も、刑務所を出て行き場がない人や、昔のつてをたどって頼ってくる人があとを絶ちませんでした。この事件を知っている人は「まこちゃん、こないだ、ひどい目にあったから、面倒を見るのもほどほどにしなよ」と言いますが、困っている人の面前でドアを閉めるわけにもいきません。

「困ってるんだな」「かわいそうだな」と思って居候させてあげるけど、結構な割合で裏切られてきました。さすがに暴力事件はなかったですが、シャブをやったあとのポンプなんかを置いていきますから、危なくってしょうがないのです。

これなんか刑務所を出てきた人であるあるのケースなんですが、大阪のヤクザの知り合いから電話が入り、「大阪で仕事できないから、岐阜で探したい思うとるんですわ。仕事が決まるまで置いてもらえんですか」と頼まれました。

私も女で、すでにカタギですから、元ヤクザの男の居候には気を使います。この知り合い――山一《やまいち》抗争（山口組と一和会《いちわかい》の抗争）のとき、有名になった元ヤクザ――が岐阜に来たら、すぐに解体をやっている青山《あおやま》さんに「仕事を探してっから、使ってやってくれ」と紹介し、翌日から出勤してもらいました。

元ヤクザは一週間ほどすると、突然、「大阪、帰るわ」と言い出したので、私も「そう、なら帰んな」と理由を聞くことも引き止めることもしませんでした。数日後、青山さんに件の元ヤクザから電話があり、「西村がワシの給料からピンハネしてるやろ」と、えらい剣幕で文句を言われたそうです。

私としては心外ですから、元ヤクザに電話で「お前、人の世話になっておいて、それはおかしいやろ。うちがピンハネするなら、端っからそう言うわい」と怒鳴り上げてしまいました。

この元ヤクザの場合も、部屋は貸して、食事もつくってあげて、ピンハネを疑われるのですから腹が立ちます。なんなら家賃としてピンハネしてもいいくらいです。さらに、仕事を世話してくれた青山さんに難癖をつけたのですから、私の顔も立ちません。こうした問題児が入れ代わり立ち代わり、わが家には間借り人として訪ねてくるのです。断れない自分も悪いのですが、ヤクザ時代のくせでしょうか、「ノー」とは言えない私がいるのです。

「綾野剛の父」と「バールの西村」

三カ月後くらいでしょうか。ケガがずいぶんよくなり、外を歩けるようになって、そろそろ身体を動かさないという思いに駆られ、再び解体業者の面接に行きました。面接は容易にパスしましたから、ガッツリ働こうと思いきや、現場によって入れるところとダメなところがあったのです。ひとつは墨の問題、あとは対人関係ですね。

対人関係の主なものは現場監督です。とにかく生意気なものですからぶつかります。普通に言えばなんでもないことを、「お前、それ、おかしいやろ」とか、「どけ、邪魔やねん」とか気分が悪くなるもの言いなのです。まあ、威張りたいだけなのでしょうけど、こっちもイラッときます。

我慢の限界で口答えしたら、仕事の途中にもかかわらず、理不尽にも「帰れ」と言われ、解体業者の専務に迎えに来てもらったこともあります。このとき、専務は「横柄なやつがいるのはわかるけど、こういう仕事には上下関係があるけれね、我慢せなあかん」と諭されたものです。もちろん、衝突した監督がいる現場には二度と入れなくなります。

それでも、めげずに数カ月間頑張りました。解体業者の仕事が慣れたころから、俳優の「綾野剛《あやのごう》の父ちゃん」と組まされて仲よくなり、同じ現場に通っていました。家の瓦落としから解体、草むしりと、なんでもやっているうちに「バールの西村」の異名を取るまでになりましたが、更年期障害や、殴られたケガの後遺症がひどくなったこと、現場も少なくなったことから、二〇一九（令和元）年には解体の仕事を辞めることにしました。

五仁會・竹垣悟会長との出会い

竹垣悟会長とは「ダラケ！〜お金を払ってでも見たいクイズ〜」▼86の番組で出会いまし

第8章

更生への道

た。このときは「山口組ダラケ」という企画だったと思います。

ダラケの番組スタッフが家に取材に来て、「まこさんは、もともとの所属が住吉(会)だから、今回、出演できるかどうかはわからない」と念押しされました。しかし、そこを竹垣会長がうまいこと調整してくれまして、「山口組に住吉がやってきた」という番組にアレンジしてくれました。結局、番組では山口組と住吉会の違いをクイズ形式でやることにしました。

その番組の収録後にマリオ・ルチアーノさんのイタリア料理店に出演者全員で行き、打ち上げとなったのですが、そこで竹垣会長とは親しく言葉を交わさせていただきました。竹垣会長の印象は、なんとも形容しがたいオーラがあって、人間的に大きく感じました。それなのに腰が低いのです。奥さまともご挨拶させていただき、心に残るひとときを過ごすことができました。

この収録のとき、浅草のグリーンホテルを竹垣会長が取ってくれました。翌日、チェックアウト前に竹垣会長から電話があり、「名古屋テレビ(メ~テレ)にも出てくれないか」とのオファーをいただいたのです。この名古屋テレビは自宅までクルーが取材に来ました。このとき、解体の仕事をしていましたので、解体現場までカメラが随行し、私が断熱材を切断している場面などをカメラに収めたと思います。

こうして竹垣会長と知り合い、おつきあいが始まりました。新型コロナウイルス禍の直前だったと思いますが、あるグループの仲間から電話があり、「まこちゃん、一緒に五仁會行かへん？」と誘われました。私は「行く、行く」と二つ返事で了解し、新幹線で姫路に行ったことを、昨日のことのようにハッキリ覚えています。

姫路駅から歩いて十分ほどのところに五仁會本部は位置します。竹垣会長や会員のみなさんから温かく迎えられ、額に汗しながら街の清掃活動に取り組ませてもらいました。そのときの一体感が心地よく、また、みずから一所懸命に掃除に取り組む会長の後ろ姿を見て、より憧れが増しました。ここから月に一度のペースで毎月第三土曜日には五仁會にお邪魔するようになったのです。

いまでも思いますが、竹垣会長は四代目山口組・竹中正久《たけなかまさひさ》親分の側近です。そんな過去に大物だった会長が率先してゴミ拾いをしている姿は素晴らしいです。だからこそ会長の話が腹落ちしますし、心にしみるのだと思います。

第8章

更生への道

自分は竹垣会長にはおよばないけど、親分の十分の一でも素晴らしい人間になれたら、五仁會に貢献できたら、と考えるようになっていきました。

そして、漠然と岐阜でもできたらなあと考えていると、藤本好道《ふじもとこうどう》さんから「五仁會岐阜支局をつくらないか」という提案をもらったのです。現在は、この藤本さんが五仁會岐阜支局の屋台骨です。住居の用意から役所の手続き、就労の世話まで、なんでもやってくれています。

藤本さんはお子さんがいるので姫路に毎月は行けないけど、一度、竹垣会長には挨拶しないといけないということで、藤本さん、青山さん、水森《みずもり》さん、そして私の四人が五仁會岐阜支局立ち上げメンバーというわけで、姫路まで挨拶に行きました。そして、竹垣会長に「会長、五仁會の活動を岐阜でもやりたいのですが」と言うと、「それはいい。やったらいいやんか」と快諾してくれました。

そのとき、私は竹垣会長から五仁會広報部長兼岐阜支局長に任命され、活動をスタートすることになったのです。

広報部長兼岐阜支局長に就任

特定非営利法人・五仁會とは、定款によると「暴力団員や犯罪者及び非行少年をはじめとした一般市民に対して、自立及び就労支援等により社会に有益な人材を育成する事業を行い、犯罪減少、地域社会の安全等による公益増進に寄与することを目的とする」とあります。

岐阜支局としても、この定款に則って活動します。じつはいま、五仁會岐阜支局で一緒に活動している仲間、藤本さんと青山さんはロアビル（現在は五仁會岐阜支局の拠点）に住む人たちの自立支援や交流の場を設ける活動を以前からやっていました。私も、このロアビルに行くようになってからは、夕方からの住民との交流は日課になっています。

五仁會岐阜支局の拠点となるロアビルですが、夜の街・柳ケ瀬の西にあります。「ここにはもともとモンゴル、ルーマニア、フィリピンなどの飲食店の子や生保（生活保護）の人たちが住んでいた」とロアビルを管理している藤本さんに聞きました。なかにはたちの悪い人もいて、警察沙汰になったこともしばしばだったとか。

このビルを藤本さんが管理するようになったのは二〇一二(平成二十四)年ごろから。もとの管理人はヤクザ上がりで、いい加減な人物だったようです。集金した住民の家賃を使い込み、オマケにシャブを食ってパンツ一丁でそこらを走り回るような人間でしたから、オーナーも管理会社も閉口していたらしいのです。

そこで、藤本さんが不動産会社の社長と話をして、「自分がロアビルの管理に入ってみようかね」と持ちかけると、二つ返事でオッケーされたそうです。さっそく藤本さんが管理人室に入り、前任のポン中管理人は上階の住民の部屋に差し込んでしまいました。主客転倒ですね。

その後、不動産会社の社長の親族がシャブで逮捕されたり、社員が背任で逮捕されたりと不祥事が続き、管理会社が途中で変わったりと、いろいろ苦労があったようです。管理会社の不祥事、住民のトラブルなどなどという混沌《こんとん》とした時期――管理人としての藤本さんが、これらの苦労を乗り越えてくれたおかげで、現在のロアビルがあるのです。

私が知るかぎり、住民トラブルだけでも大変です。ここの住民は普通の人じゃなく、ワケアリの人が多いのです。たとえば、前科がある人、刑務所を出たものの帰る場所がない人、ポン中、引きこもりなど、さまざまです。こういう人たち、つまり自宅の確保が難しいエクストリーム層と呼ばれる人たちのために部屋を確保しようと、藤本さんが管理するビルで始めた活動が、じつは五仁會岐阜支局の起点となっています。

二〇一二（平成二十四）年ごろに、ようやく管理会社の不祥事は落ち着き、藤本さんがよく知る人物の管理物件となったので、安心して管理できるようになったとのこと。このときの藤本さんは管理会社の従業員であり、ロアビルの管理人という二足のわらじを履いていていました。

しかし、二〇二一（令和三）年にこの管理会社を退職し、ロアビルのオーナーの意向で個人契約となり、ビルの管理に専念できる環境が整ったと言います。

二〇一四（平成二十六）年ごろに現在、解体業をやっている青山さんが刑務所から出所してきたのです。彼は藤本さんと同じ組織にいた人間で、盃もしています。もとはヤクザですが、昔から真面目な人間だったそうです。この青山さんの解体業にロアビルで遊んでいた子たちを紹介し、「週のうちすべてじゃなくていいから、稼働できる日は働かんかね」と藤本さんが持ちかけたことから、現在の五仁會岐阜支局としてのロアビルの原型ができました。

青山さんの解体業は日払いですから、日銭が欲しい子は仕事に行くようになったそうです。住む場所と仕事。これが更生保護には不可欠です。藤本さんも青山さんも自身の経験から、このポイントは痛感していたと思います。

ですから、当時、青山さんが保護会（更生保護寮）を出て家を探している人などを連れてきてくれて、ロアビルの住人になるという感じでした。そうして徐々に地元人脈を使って、刑務所を出所した人などを引っ張ってきて、就労先としての解体業を本格化させていったのです。

もっとも、いまも昔も住民はいわくつきの人が多いですから、ロアビルではトラブルなどは日常茶飯事のこと。そのケツ持ちが藤本さんというわけです。

よくあるケースが、住民の子がパクられて赤落ちするケースですね。彼が中（刑務所）に入っているあいだ、家具や持ち物を入居させておくわけにはいきませんから、拘置所に面会に行き、本人の意向を聞いたうえで、必要なもの、不要なものを選別します。

必要なものは、ロアビルの一階の倉庫か私の家で保管しています。不要なものは売却し、いくらかのカネになれば本人に渡します。先日など一気に四人がパクられましたから、藤本さんも私も大変でした。

あとは刺した、刺されたなど刃傷《にんじょう》沙汰もあるので、ロアビルという物件は、ただのビル管理と違って大変と思います。

藤本さんがひとりで管理するようになった時分、仕事が終わってから、青山さんや藤本さんとロアビルで立ち話をしているとき、自分が五仁會という更生ボランティア団体の広報部長をしているということを伝えました。

すると、藤本さんが「五仁會と同じように、岐阜でもそういう活動をやったらどうかね」と言ってくれたのです。私は半信半疑で「そしたら、協力してくれる?」と尋ねました。すると、青山さんも、「もちろん、やるんじゃったら、ワシらも応援するよ」と申し出てくれたのです。このわずか三分ばかりの立ち話が五仁會岐阜支局設立のきっかけとなりました。

そこから話はとんとん拍子で進みましたが、やる以上、竹垣会長に挨拶に行かなければば、というわけで、二〇二三（令和五）年五月二十日、藤本さんや青山さんと姫路まで車を飛ばして行きました。元ヤクザの藤本さんは竹垣会長のことを稼業上、知っていましたが、「お会いしてみて、まこちゃんが言うオーラの意味がわかった気がする」と言ってくれました。

このとき、私は竹垣会長から岐阜支局の支局長を拝命しましたので、さっそく六月から毎月一回か二回、日曜日の街中清掃を始めたというわけです。この清掃活動にはロアビルの住民や青山さんのところの従業員にも声がけしました。NPO（非営利組織）として岐阜市役所に届け出をしたあと、住民の人たちにも声をかけましたら、初回からかなりの人数が集まってくれて助けてくれました。

この清掃活動はいいと思います。シャブ中、アル中で昼夜が逆転してゴロゴロしている人たちでも、自分が住む街のためにいいことをすれば、気持ちも変わるのではないかと思います。「いいことしたな」という体験、経験の積み重ねをすると、それを見ている人がいます。いつか認めてくれる人がいるものです。だって、刑務所のなかでさえ、いいことをすれば認めてくれるのですから。

もっとも、「なんで清掃活動なんてするのかね？」と尋ねる人もいましたが、「私たち、社会に迷惑かけて生きてきてるじゃないか。でも、こうして生活できるのは故郷のおかげ。その街をきれいにすることで、少しでも故郷の役に立てたらよくない？」と言うと、「なるほど」と納得して手伝ってくれています。

大事なことは、みんなが他人に感謝すること。清掃が終われば「お疲れさま、ありがとう」とお互いに言い合うことで、お互いを認め合う。これが大事なことだと思います。いままでは大学の先生や地方紙の新聞社の方なども手伝いに来てくれますから、ありがたいです。この活動を通して、これからも迷惑をかけた故郷の街にお返しができればと思います。

掃除後はもちろんですが、毎日、仕事を終えてロアビルの一階に集まるのは、コミュニケーションの場を持つこと、安否確認ができることなどの利点があります。ここロアビルでは社会で孤立させない、ひとりにしないをモットーに、悪いことをしているであろう人にも（経験から、なんとなくわかります）冗談交じりに注意しつつ、更生を促しています。

第8章

更生への道

五仁會岐阜支局の活動として清掃活動を行う筆者（中央）

税金から役所の手続きまで、なんでもみんなで教え合い、解決策を考えます。正直なところ、ここはロアビルの住民の人たち以上に私や藤本さんにとっても居場所になっています。

五仁會岐阜支局は裏街道を歩いてきた人たちや、社会からはじき出された人たちの共同体のようなものです。支え、支えられ、みんなが明日に向かって生きていくために、これからも、みんなで知恵を出し合い、励まし合い、支え合いながら頑張っていきたいと思います。

あとがきにかえて

女ヤクザとして
「一意専心」する生きざまに脱帽

廣末登

ひろすえ・のぼる……1970年、福岡市生まれ。社会学者、博士(学術)。専門は犯罪社会学。龍谷大学犯罪学研究センター嘱託研究員、元久留米大学非常勤講師(社会病理学)、法務省・保護司。2001年、北九州市立大学法学部卒業、2008年、同大学大学院社会システム研究科地域社会研究科博士後期課程修了。国会議員政策担当秘書、熊本大学イノベーション推進機構助教、福岡県更生保護就労支援事業所長等を経て現職。裏社会の実態を科学的調査法にもとづいた取材を重ね、一次情報をもとに解説する。著書に、ベストセラーとなった『闇バイト』(祥伝社)のほか、『若者はなぜヤクザになったのか』(ハーベスト社)、『ヤクザになる理由』『組長の娘』『ヤクザの幹部をやめて、うどん店はじめました』『組長の妻、はじめます』『だからヤクザを辞められない』(新潮社)、『ヤクザと介護』『テキヤの掟』(KADOKAWA)がある。

私は、二〇一五年秋、毎日新聞の「憂楽帳《ゆうらくちょう》」というコラムで「暴力団博士」と紹介された（二〇一五年九月二十九日付）。別に実話誌のジャーナリストのように、暴力団や任侠界にそこまで詳しいわけではないが、二〇〇三年に北九州市立大学の大学院に入ってから今日まで、暴力団＝ヤクザや半グレなどの研究に携わってきた。

ヤクザを対象として研究している訳だから、当然、その社会の女性たちとも知り合いになる。主要な調査地点であった関西では、業界の有名人とされる親分の姐さん（ヤクザの奥さん）たちとも親しくなり、ホストクラブに連れて行かれたり、会食させて頂いたことも数えきれない。そこで「この人の生き方は面白いな」と思って筆を執り、世に出した書籍は二冊ある。それは、『組長の娘　ヤクザの家に生まれて』（新潮《しんちょう》文庫）、『組長の妻、はじめます。女ギャング亜弓《あゆみ》姐さんの超ワル人生懺悔録《ざんげろく》』（新潮文庫）である。これらは、いずれもヤクザ社会で「姐さん」と呼ばれる立場の人たちの生きてきた軌跡を書いている。

さて、本書の主人公である西村まこさんは、こうした姐さん方とは明らかに違う。それは、女性でありながら、親分の盃を受け、ヤクザの若中として、男性同様に正規のヤクザ組織の組員だったからである。

さらりと書いたが、私がヤクザ研究に携わってから二十年余の間に、女性がヤクザになるという話は聞いたことがない。任侠史を繙《ひもと》いたとしても、女性で親分の盃をもらい、ヤクザという男社会の中で、身体を張ってシノギをした女性若中というケースは、例がないのではなかろうか。

だから、西村さんが服役していた笠松刑務所では、彼女が「ヤクザの脱退届」を書いた際、金筋の刑務官から「あんたが日本初だから、こんなに時間かかるんよ」と、いやみを言われている。

もっとも、フィクションの作品では、女ヤクザが居ないこともない。昭和の時代には、藤純子《ふじじゅんこ》主演の『緋牡丹博徒《ひぼたんばくと》』シリーズがあった（一九六八年、東映《とうえい》）。緋牡丹のお竜《りゅう》は侠客《きょうかく》（＝ヤクザ）には違いないが、親分は持たない。

女性が主人公で有名になった昭和から平成時代の映画は、『極道の妻《おんな》たち』のシリーズがある（一九八六年、東映）。これは、極妻としての主人公が、男ヤクザを相手に大立ち回りを演じることで、エンターテインメント映画として好評を博し、一九九八年までに十作品が製作されている。この作品は、『緋牡丹博徒』とは異なり、ヤクザの妻、姐さんが主役である。

何《いず》れの映画も、主演で銀幕に登場する女性たちは、ヤクザの男衆相手に切った張ったと、刃物や拳銃を手に派手に活躍するものの、美人揃《ぞろ》いである。それは、大衆に受けることが求められるエンターテインメントだから当然であろうが、作られたフィクション感が否めない。

『極道の妻たち』世代で育ち、数々のヤクザを見てきた私からすると、女ヤクザの話を聞いた時は、にわかに信じ難かった。昭和の時代、女性がヤクザ社会に入ることはタブーだったからである。

二〇二三年十月、五仁會の会長・竹垣悟氏の紹介で西村まこさんと会い、本人から詳しく話を聴いて、女ヤクザが生まれた背景に得心がいった。彼女はそこらの不良男子を凌《りょう》駕《が》するほどの「悪」だったのである。

そこで、ヤクザ研究者の私が一番驚いたことは、まこさんの家庭が機能不全ではないことである。私の調査はもちろん、ヤクザ研究の大家である元科学警察研究所の星野周《ほしのかね》弘《ひろ》氏の研究でも、ヤクザになる者が生育した家庭には、経済的な貧困家庭や、ネグレクトなど、顕著な家庭の機能不全傾向が指摘されている。

しかし、まこさんの家庭は違う。親戚に預けられ、苦労して夜学に通い、県庁職員になった父親、国会図書館職員の家庭に育ち、お金に苦労したことのない母親との間に生まれている。

それほど真っ当な家庭で育ちながら、非行を深化させ、挙げ句の果てにヤクザになる道を選択した彼女の生き方は不思議としか言いようがない。

問題があるとしたら、父親によるスパルタ教育である。まこさんは、真面目一本の父親が強いるスパルタ教育という軛から逃れたい一心で、中学二年生の頃に出会った友人をモデルとして不良にはしり、研究者が古今の犯罪学理論をもってしても説明できない紆余曲折した道を歩んで、（女性でありながら）ヤクザになっている。

彼女の半生を概観すると、人生におけるターニングポイントは、この不良の友人と出会った中学二年生の頃とみることができる。

実は、かくいう私も、まこさんの家庭とよく似た家庭で育っている。小中学校には殆《ほとん》ど行かせてもらえず、仕事を辞めていた父親からスパルタ教育を受け、強制的に進学塾に通わされた。テストで九十点以下の点数を取ると、鉄拳制裁が待っていた。私は、そうした家庭から逃れたくて、中学二年を境に不良の友人とつるみ出して、深夜徘徊や万引き、カツアゲを行った非行の過去がある。気力、体力が充実する中学二年生というのは、誰しもターニングポイントを経験する可能性があるのかもしれない。中二病とはよく言ったものである。

厳しい家庭から逃れたいという切実な思いから不良になったことは、私も、まこさんも同様であった。しかし、主体的に不良性を深化させるか否かという点は、少々異なるようである。

まこさんに不良道やヤクザ道を極めさせたのは、育った家庭で涵養《かんよう》された「負けん気の強さ」であったのではないかと私は見ている。その負けん気が、彼女を、男女の別なく喧嘩《けんか》に駆り立て、非行行為も躊躇《ためら》わない筋金入りの不良に鍛え上げていった。おそらく、父親から投影された負けることを恥とする人格が、中学二年次の時に、父親が望んだ進学とは異なる分野に邁進《まいしん》させて終《しま》ったように思える。

「ヤクザ稼業をやっているのだから、指の一本、落としておかないと格好がつかん」と考え、自ら指を落とすことは、普通にヤクザをやっている男性では考えまい。

犯罪学が専門の私からみても、実にユニークである。しかし、彼女がヤクザ社会で、暴力を是とする社会で生きて来られたのは、そうした個々の行為そのものというよりは、その根底に、主体性——すなわち、誰からも強制されることのない「ヤクザとして生きたい、ヤクザとして死にたい」という、彼女の強い意志が存在していたからであると思う。女ヤクザの半生において、この主体的で強固な意志が底流にあったことを、看過してはならない。

男女の別なく、彼ら彼女らがその社会で成功するためには、自ら研鑽《けんさん》、努力し、高みを目指す主体性が大切である。不良を中途で挫折し、学歴コンプレックスを抱えて、ひたすら勉学に明け暮れた私とは異なり、不良道を究めた西村まことという人間に、私は、女ヤクザであったことへの興味よりも、「一意専心」する生きざまに脱帽せずにはいられない。

注釈

1 【赤落ち】刑が確定し、刑務所に収容されること。昔は赤い囚人服を着せられていたことから、そのように表現されるようになった。

2 【渡鹿野島（通称・売春島）】次の記述が参考になる。「伊勢志摩国立公園内に浮かぶ三重県志摩市の渡鹿野島（わたかのじま）。漁業と観光業が主な産業で、周囲約7キロ、約180人余りが暮らす小さな島はかつて「売春島」と呼ばれた」（『産経《さんけい》WEST』ウェブ版、二〇二一［令和三］年十一月一日）。

3 【絵図】ヤクザや不良が使うスラング。相手を陥れる方法などを画策することを指す。絵を描くともいう。

4 【ポン中】覚せい剤中毒者のこと。

5 【金筋】制服に金筋が入っている刑務官の幹部を指す。

6 【部屋住み】ヤクザの下積み修業の期間を指す。この期間にヤクザ稼業のイロハを学習する。部屋住み期間中は組事務所や組長宅に寝泊まりして組長や幹部の世話から事務所の掃除、犬の散歩という雑用をこなさなくてはならない。この間、基本的に自分のシノギができないため、一日も早く認められ、部屋住み期間を卒業することが求められる。主人公の場合は部屋住み期間中にシノギができているので破格の待遇であるといえる。

7 【竹垣悟会長】「1951年生まれ、兵庫県姫路市出身。義竜会《ぎりゅうかい》会長、初代竹中組組長秘書、のちに竹中武組長の下で若頭補佐、中野会《なかのかい》若頭補佐、古川組《ふるかわぐみ》舎弟頭補佐を歴任。2005年に二代目古川組の盃を拒否して破門処分となり、カタギとなる。現在は暴力団員の更生を支援するNPO法人「五仁會」代表。2016年の山口組分裂騒動ではヤクザに精通した第一人者として、「新・情報7DAYSニュースキャスター」（TBSテレビ系）などテレビ各局の報道番組にコメントを寄せ、「ビートたけしのTVタックル」（テレビ朝日系）へのゲスト出演で話題となる。2019年の神戸山口組幹部襲撃事件では「直撃LIVE グッディ！」（フジテレビ系）に緊急出演し、そのくわしい解説が反響を呼んだ。2021年にYouTubeに開設した「竹垣悟チャンネル」も好評を博している。著書に『極道ぶっちゃけ話　「三つの山口組」と私』（イースト・プレス）、『若頭の社会復帰と三つの山口組の行方　中野太郎《たろう》の激震から七代目の野望まで』（徳間《とくま》書店）、『山口組ぶっちゃけ話　私が出会った侠客《オトコ》たち』『懲役ぶっちゃけ話　私が見た「塀の中」の極道たち』（清《せい》談社《だんしゃ》 Publico）がある」（『懲役ぶっちゃけ話』著者紹介より）

8 **【ビートルズが来日】** イギリスの人気バンド「ビートルズ」が来日したのは一九六六（昭和四十一）年六月三十日から七月二日までの三日間。東京・千代田《ちよだ》区九《く》段南《だんみなみ》の日本《にっぽん》武道館を皮切りに五回の公演を経て帰国した。一九六六年六月三十日のビートルズ日本初公演の様子を報じた翌七月一日付朝日《あさひ》新聞朝刊（東京本社版）の見出しは、「歌も聞えぬ泣声のウズ　大警備下のビートルズ講演」とあり、東京が痙攣《けいれん》するほどの熱狂ぶりだったことがうかがえる。

9 **【国民生活金融公庫】** 一九四九（昭和二十四）年に発足。独立して継続が可能な事業の資金のうち、一般の金融機関からその融資を受けることが困難で、かつ国民が必要とするものを供給した。全国に百五十二店舗を擁し、従業員数四千七百十一人の大型特殊法人であった。国民金融公庫は二〇〇八（平成二十）年に解散し、同年十月より現行の日本政策金融公庫に業務移管された。

10 **【渡し箸、逆さ箸】** 「渡し箸」とはお椀《わん》の上に箸を並べて乗せること。これは食事を終えた合図になる。あるいは火葬場における骨上げを連想させることからマナー違反とされる。「逆さ箸」とは自分の箸の反対側を使って食事をとること。これは神教のしきたりでタブー視されるほかにも不衛生、見栄えの悪さなどもあり、渡し箸同様にマナー違反となる。

11 【信濃町】東京都新宿《しんじゅく》区南部に位置する「丁目」の設定のない単独町名である。江戸時代に永井《ながい》信濃守尚政《しなののかみなおまさ》の下屋敷《しもやしき》があったことに由来。近隣には慶應義塾《けいおうぎじゅく》大学病院や慶應義塾大学信濃町キャンパス、創価学会《そうかがっかい》本部などがある。

12 【国立国会図書館】国会に属する唯一の国立の図書館。国会法第百三十条の規定にもとづき、国立国会図書館法によって設置されている。その役割は「図書及びその他の図書館資料を蒐集《しゅうしゅう》し、国会議員の職務の遂行に資するとともに、行政及び司法の各部門に対し、更に日本国民に対し、この法律に規定する図書館奉仕を提供することを目的とする」と国立国会図書館法第二条に明記されている。開館二十周年にあたる一九六八（昭和四十三）年に現庁舎である本館が完成し、増え続ける蔵書に対応するため、一九八六（昭和六十一）年に隣接して新館を建設し、千二百万冊の資料が収蔵できるようになった（国立国会図書館ホームページ）。

13 【アラベスク】サンドラ・アン・ラウアー、ミシェーラ・ローズ、ジャスミン・エリザベス・フェッターなどの女性メンバーによるボーカルグループ。一九八〇年代前期、日本における洋楽の牽引役《けんいんやく》として知られる。

14 【尾崎豊の歌】この歌は日本のシンガーソングライター尾崎豊が作詞作曲した「15の夜」のこと。尾崎豊は一九八三（昭和五十八）年十二月一日、アルバム『十七歳の地図』、シングル「15の夜」でデビューした。

15 【アゴいったり】しゃべること。雑談すること。

16 【ボコって】誰かを殴ること。

17 【シメ方】誰かを懲らしめる、暴力で屈服させるなどを指す非行サブカルチャー用語。

18 【特攻服】主に暴走族などの不良グループが自分たちのチーム・ユニフォームとして暴走のときや集会のときに着用していた服のこと。

19 【虞犯少年】「少年法三条一項三号」に規定される類型で、罪を犯していないものの、本人の性格や環境から、将来的に罪を犯す、または刑罰法令に触れるおそれのある少年を指す。具体的な虞犯行為とは、「イ　保護者の正当な監督に服しない性癖のあること，ロ　正当の理由がなく家庭に寄り附《つ》かないこと，ハ　犯罪性のある人若しくは不道徳な人と交際し，又はいかがわしい場所に出入すること，ニ　自己又は他人の徳性を害する行為をする性癖のあること」が虞犯事由として挙げられている。少年法が虞犯少年を少年審判の対象とし、罪を犯す可能性が高い少年に保護処分を下す理由として、犯罪を未然に防ぐことと、少年の健全育成を図ることを目的としているからである。本書の主人公は無断外泊して家に帰らず、暴走族と交際し、いかがわしい場所に出入りしているので、複数の虞犯行為が指摘される。

20 **【少年鑑別所】**「（1）家庭裁判所の求めに応じ、鑑別対象者の鑑別を行うこと、（2）観護《かんご》の措置が執られて少年鑑別所に収容される者等に対し、健全な育成のための支援を含む保護処遇を行うこと、（3）地域社会における非行及び犯罪の防止に関する援助を行うことを業務とする法務省所轄の施設で」ある（法務省ホームページ）。

21 **【保護観察処分】**家庭裁判所の決定によって付されるものである。保護観察では少年を少年院などの施設に収容することなく、社会で生活をさせながら、保護観察所の指導・監督の下に置き、更生を図る保護処分である。少年の場合の保護観察は原則二十歳に達するまでとされるが、保護観察期間中に継続就労するなど更生し、規則正しい生活を行っていると保護観察所が認めた場合には二十歳を待たずに観察解除となる。ただし、二〇二二（令和四）年四月からは少年法改正を受けて十八、十九歳の「特定少年」は保護観察期間が六カ月と二年のいずれかとなった。

22 **【保護司】**犯罪や非行をした人の立ち直りを地域で支える民間の無給ボランティア。保護司法にもとづいて法務大臣から委嘱された非常勤の国家公務員である。保護観察対象者には保護観察官と協働して保護観察対象者の面接などを行う。

23 **【積木くずし】**一九八三（昭和五十八）年十一月三日に東宝《とうほう》から配給された映画作品。「非行に走った娘とそれを更生させようとする両親との凄《すさ》まじい闘いを描く」（映画.com）。

24 **【雑居】**さまざまな人が同じ部屋にいる部屋のことを指すが、主人公は刑務所の「雑居房」をイメージしている。刑務所の雑居房とは刑務所の受刑者が共同生活する部屋のこと。たとえば、成人男子刑務所の場合、「12畳ほどの空間で6人が定員。机で食事を摂《と》ったり

32 **【一般**

丸暗記させられ、仮退院後に遵

れる事項のこと。「遵守事項には，全ての保護観察対象者が守るべきものとして法律で規定されている，住居を定めること等にかかる一般遵守事項と，個々の保護観察対象者ごとに定められる特別遵守事項とがある」（平成三十年版『犯罪白書』）。

33 **【保護会】**更生保護寮や更生保護施設のこと。法務省によると、「犯罪をした人や非行のある少年の中には、頼ることのできる人がいなかったり、生活環境に恵まれなかったり、あるいは、本人に社会生活上の問題があるなどの理由で、すぐに自立更生ができない人がいます。更生保護施設は、こうした人たちを一定の期間保護して、その円滑な社会復帰を助け、再犯を防止するという重要な役割を担っています」とある（法務省ホームページ）。

34 **【再犯や累犯】**一回目の罪を犯して懲役を受けた人が五年以内に二回目の罪を犯すことを「再犯」という（刑法五十六条）。そのような犯罪が三回以上続く場合犯以上の累犯」という（刑法五十九条）。

カーン・コンチネンタル】アメリカの自動車会

ォード・モーター」が製造していた高級車。

3

ジメ】ミカジメ料のこと。「面倒見料」「守料《もりりょう》」ともいう。飲食店などから毎月数万円をヤクザが徴収し、飲食店の営業中に客が暴れた場合などにヤクザが介入して客を追い出し、問題解決する裏社会のサービス。二〇一〇（平成二十二）年以降に各自治体で整備された暴力団排除条例によってミカジメ料の徴収は禁止された。

37 **【常ポン】**覚せい剤（シャブ）を、つねに身体に入れている状態のこと。たまに覚せい剤を使用する者のことを「タマポン」という。

38 **【金津園】**岐阜市加納水野町《かのうみずのまち》付近に位置するソープランド街。中部日本最大級を誇った。

39 **【メンチ切った】**相手の目を挑戦的に見つめること。いわゆる「眼《がん》をつける」こと。

40 **【デートクラブのピンクのビラ】**名刺サイズより少し大きめの紙に女性の写真とデリヘルの店名、電話番号が書かれたものを指し、公衆電話ボックスなどにテー

プで貼りつける。このビラは電話ボックスのどこにでも貼っていいものではなく、各店で貼る場所が決まっていた。いい場所に貼れるか否かは、その店の背後にいるヤクザの勢力によって決まってくる。

41 【パケ】覚せい剤を小分けにしたもの。小さな透明のポリ袋に入っている。

42 【親ガチャ】二〇二一（令和三）年に『大辞泉《だいじせん》』が選ぶ新語大賞となったスラング。子どもが生まれる家庭環境や経済環境を選ぶことができず、ガチャガチャゲームのように運任せであることを表現した言葉。経済的に恵まれた、いい家庭に生まれていたら、「親ガチャが当たった」というように用いる。

43 【墨が入って】刺青を入れていること。ヤクザ社会では日本の伝統的な和彫りを指す。若者に人気のタトゥーはファッション的な要素があることなどの理由から墨という表現を用いない。

44 【瀬戸一家】愛知県瀬戸市に本部を置くヤクザ組織。一九九一（平成三）年三月に九代目渡辺啓一郎《わたなべけいいちろう》親分が五代目山口組渡辺芳則《わたなべよしのり》組長の盃を受けたことから山口組の直参となった。

45 【トンでしまい】急に所在がわからなくなる。飛ぶようにいなくなり、行方をくらますこと。

46 【ロハ】タダのこと。この場合は無報酬で、お金にならないタダ働きを指す。

47 【近藤組】当時、岐阜市内に本部を置いていた山口組の四次団体。弘道会野内《のうち》組が直接の上部団体である。

48 【八分袖と身切り】彫り物の彫り具合を指す。「身切り」とは刺青と肌の境目のこと。胸の身切りは関西が深く胸の中央近くの乳マキまで彫ることに比べて、関東は浅く彫る。ここでいう八分袖とは腕に彫られた彫り物が洋服でいう八分袖くらいのところで「ぶっ切り」されて終わっていることを指している。いずれも和彫り独特の技法である。

49 【ヤサ】家、住居のこと。

50 【サツヨレ】覚せい剤常用者にありがちな幻覚である。覚せい剤を打つと自分が警察に始終見張られているような感覚に陥り、第三者に対して過度に警戒感をあらわにする。

51 【住吉会】東京都港《みなと》区に本部を置く指定暴力団。その歴史は古く、初代・伊東松五郎《いとうまつごろう》（住吉町《すみよしちょう》の爺《じい》さん）は一八四六（弘化《こうか》三）年一月二十八日生まれで、一九二〇（大正九）年十月二十五日没。享年七十五で他界している。前身は港会《みなとかい》。主人公が現職の時代は、住吉会七代目福田晴瞭《ふくだはれあき》会長、八代目関功会長の時代である。

52 【鼈甲屋】正しくは鼈甲屋一家。東京都台東《たいとう》区西浅草《にしあさくさ》に本部を置く博徒系ヤクザ組織で、指定暴力団住吉会の三次団体。

53 【うたっている】なんでもありのままにしゃべること。警察官に対して正直に供述する場合など批判的な意味合いで用いられる。

54 【パイ】勾留請求されずに釈放されること。「検《けん》パイ」と呼ばれている（下村忠利《しもむらただとし》『刑事弁護人のための隠語・俗語・実務用語辞典』現代人文社、二〇一六［平成二十八］年）

55 【青田睦会】東京都府中《ふちゅう》市と千葉県山武《さんむ》市に本部を置く指定暴力団住吉会の二次団体。主人公が所属していた杉野組は青田睦会の傘下であるから住吉会の三次団体となる。

56 【安部譲二】「1937年、東京五反田《ごたんだ》生まれ。作家。麻布《あざぶ》中学卒業後、仁侠《にんきょう》の世界へ。日航《にっこう》パーサー、キックボクシング解説者などを経て、1986年出版したデビュー作『塀の中の懲りない面々』（文藝春秋《ぶんげいしゅんじゅう》）がミリオンセラーに。以後、小説執筆の他にテレビ・ラジオ出演など多方面で活躍する」（Amazon「BOOK著者紹介情報」より）。

57 【舎弟の盃】いわゆる渡世上の親分子分の盃。「親分子分の盃は、これによって父子の関係を結び、その一家の身内であるという身分を取得するための儀式であるから、渡世人にとっては最も厳格であり、かつ厳粛な作法をもって行わなければならないのである」とされる（『任侠大百科』日本任侠研究会編）。

58 【七：三の盃】七三の兄弟分の盃。この盃は「兄貴分には一杯に注ぎ、弟分には七分目に注ぐ」とされる（『任侠大百科』日本任侠研究会編）。

59 【媒酌人（仲人）】ヤクザ稼業の儀式である盃事に欠かせない役割である。盃事の儀式を執り行う者。儀式の順序、口上、方式は重要で、それぞれの流派、古式に則って行われる。親子盃後、「後日何らかの事情で盃を返す場合には、この盃に水を入れ、仲人立合のうえで親分に返却するものだといわれる」（『任侠大百科』日本任侠研究会編）。

60 【ダボシャツ】七分袖ほどのゆったりした作業着。機能性に優れているためか、ヤクザが好んで着る。

61 【メクれて】ウソがバレること。

62 【テレクラ】テレホンクラブのこと。一九八〇年代半ばごろから一九九〇年代後半ごろまで存在した。男性はテレクラの個室で待機し、そこに電話をしてきた女性との会話を楽しむ。女性との交渉が成立すると、店外で実際に会うことでデートや性行為に発展するケースもある。

63 【塩原温泉】塩原温泉郷のこと。塩原温泉旅館協同組合・塩原温泉観光協会のホームページ「Shioba Love」によると、「栃木県北部の広大な那《な》須《す》野《の》が原《はら》から、北西の方角に連なる山中に分け入った箒川（ほうきがわ）の渓谷沿いに連なる11地区の温泉地の総称です。温泉の発見は西暦806年といわれており、1200年以上の歴史を刻みながら、訪れる人々の心と体を癒してきました」と紹介されている。

64 【ケツ持ち】主にヤクザが用いるスラングだが、一般人も用いることがある。「金を納めて暴力団に背後で擁護してもらっていること。「オレのとこのケツ持ちは、〇〇組やで」。大阪では単に「面倒見てもらう」とか「バック（後ろ盾）がいる」ということが多い」（刑事弁護OASIS「今日のKEIBEN用語集一覧」）。

65 【カエシ】相手にやられたことに対して、やり返すこと。威力を用いた報復のこと。

66 【バラした】殺すこと。

67 【尿検】尿の検査。この場合は捜査令状がなかったと思われるので任意の尿検査と思われる。本人を警察で照会して薬物などの前科があるとわかった場合、尿検は受けやすいといわれている。

68 【弁当】以前の刑事裁判で執行猶予がついている場合、この執行猶予を指して弁当という。「弁当が生きる」とは新しい刑事事件の刑に執行猶予中の前刑がプラスされること。

69 【願箋】「拘置所内で何らかの申出をする際に作成させられる書面一般。A願箋（食料品、日用品の購入）、B願箋（本の購入）、大願箋（宅下げ、仮出し）、小願箋（薬などの申出）等」（刑事弁護OASIS「今日のKEIBEN用語集一覧」）。

70 【モタ工】年配者でもできる軽作業に従事する受刑者や刑務所内工場を指す。モタモタすることからモタ工といわれる。

71 【広辞苑】岩波《いわなみ》書店が発刊する日本語国語辞典。最新の第七版は二〇一八（平成三十）年に刊行され、約二十五万語を収録している。

72 【引き込み】刑務所用語。仮釈放の準備のために移動する部屋。一週間ほどこの部屋で過ごし、社会に戻るための準備をする。女子刑務所の場合は、このタイミングでハローワークなどに集団で出向き、就労先を探すなどの社会復帰活動をする。

73 【背負《しょ》った】他人の罪などを自分がかぶること。

74 【テゴ】雑用係のこと。建築現場の見習いなどに使われる用語。

75 【菱や稲川】「菱」とは兵庫県神戸市に本部を置く山口組のこと。「稲川」とは東京都港区六本木《ろっぽんぎ》に本部を置く稲川会のこと。いずれも指定暴力団である。

76 【レンコン式】拳銃の種類のこと。拳銃は大別するとレンコン式とブローバック式の二種類がある。前者は回転する弾倉（シリンダー）に銃弾を入れる。このシリンダーを前から見るとレンコンのように見えることからレンコン式と呼ばれる。後者は銃把《じゅうは》の部分に格納されている弾倉（マガジン）に銃弾を装填する。なお、ブローバック式は一発撃つごとに薬莢《やっきょう》が火薬の圧力によって排莢《はいきょう》されるが、レンコン式は拳銃発射後もシリンダー内に薬莢がとどまるため、発砲現場に証拠が残らない。

77 【ガラケー】「「ガラパゴスケータイ」の略で、フィーチャーフォンとほぼ同じ意味を持つ言葉として使われています。フィーチャーフォンは通話機能をメインとしつつ、カメラやインターネット接続、ワンセグ、おサイフケータイなどの機能も併せ持つ携帯電話のことです。ガラパゴスは生物が独自の進化を遂げてきたガラパゴス諸島が由来となっていて、ガラケーは海外と比べて日本独自の機能を持つ携帯電話のことを表しています」（トーンモバイル公式ホームページ）。

78 【ハトを飛ばし】「身体拘束されている者と他の者が何らかの方法によって互いに秘密の連絡をとる」など伝

言された者をハトという（刑事弁護ＯＡＳＩＳ「今日のＫＥＩＢＥＮ用語集一覧」）。

79 **【倉本組】** 殺しの軍団の異名を持つ柳川組《やながわぐみ》出身者の宅《たく》見組《みぐみ》副組長・倉本広文《ひろふみ》が興した組織。六代目山口組の二次団体。

80 **【テンプラ話】** 架空や想像上のありえない話を指す。テンプラとは料理の天ぷらの衣のように無価値なものの上にウソをかぶせて偽り、価値を高く見せるという意味でも用いられる。

81 **【テンプラ事務所】** 実体のない事務所のこと。

82 **【事務所と思って電話していますので】** 当時、山口組の通達で、賃貸だと立ち退きになる可能性があるので、事務所登録の基準が厳しくなっていたという背景がある。そこで、持ち家である実家の住所を利用し、テンプラ事務所として登録していた。

83 **【事始め式】**「今年はお世話になりました。来る年もよろしくお願い致します」と新年の挨拶を交わす行事である（ＮＥＷＳポストセブン、二〇二二［令和四］年十二月二十七日）。

84 **【講】** 日本における伝統的な金融形態のこと。関東でいう無尽講《むじんこう》、沖縄でいう模合《もあい》のこと。講にはさまざまな目的のものがあるが、この場合は講のメンバーが毎月カネを出し合い、積み立てられたお金で宴会や旅行をする娯楽目的のものと、メンバーのひとりがまとまったお金が必要になったときに積立金のなかから用立てるなどの相互扶助的な目的のものなどが存在する。

85 **【青心会】** 杉野組の改名後の組織名。もともと青田睦会であったが、二代目の児玉明総長が鬼籍に入ったあとに分裂。その分裂した一方の組織を杉野組が青心会と改名して吸収した。そのため、事務所も岐阜と千葉に置くことになった。

86 **【ダラケ！～お金を払ってでも見たいクイズ～】** ＢＳスカパー！が制作していたバラエティー番組。主人公が出演した当時は月曜日の二十一～二十二時にＢＳで放送されていた。

「女《おんな》ヤクザ」とよばれて
ヤクザも恐《おそ》れた「悪魔《あくま》の子《こ》」の一代記《いちだいき》

2024年4月11日　第1刷発行

著　者　西村《にしむら》まこ

ブックデザイン　HOLON
構　成　廣末 登
協　力　特定非営利活動法人 五仁會

発行人　畑 祐介
発行所　株式会社 清談社Publico
〒102-0073
東京都千代田区九段北1-2-2 グランドメゾン九段803
TEL:03-6265-6185　FAX:03-6265-6186

印刷所　中央精版印刷株式会社

ISBN 978-4-909979-60-5 C0095

清談社
Publico

https://seidansha.com/publico
X @seidansha_p
Facebook https://www.facebook.com/seidansha.publico

Mako Nishimura